凱信企管

用對的方法充實自己，
讓人生變得更美好！

凱信企管

用對的方法充實自己，
讓人生變得更美好！

# 掌握 3-6 歲大腦發展關鍵期，養出聰明孩子

在孩子三歲以前，家長多半著墨在如何安定小孩隨時都可能暴走的情緒，從網路搜尋「情緒管理」、「情緒發展」、「情緒障礙」這幾個關鍵字的熱門程度就知道。不過到了三歲過後，則會開始將關注點轉移到「該讓小朋友上哪所幼兒園？」、「要學什麼才藝好呢？」、「要如何讓小朋友可以專注力好？」……身為家長的我們，在這個階段，無論是在心態上或教養上都需要做一點升級才行，因為三歲這個年紀，孩子們陸續進入幼兒園就讀，這段期間可說是邁入小學進到系統化學習的前哨階段。

我發現「焦慮」常讓家長迷失了打基礎的重點！不少家中有 3~6 歲孩子的家長，因擔心小孩的學習力跟不上，所以特別在意幼兒園是否有安排注音、英語、數學等等的課程內容。其實，學習就像蓋房子一樣，地基必須堅實，才能蓋出宏偉的大樓，這件事不但無法速成，而且還須日積月累。不可否認，教養這件事說起來簡單做起來難，就算我自己有大量的知識與經驗值，仍是難免挫折。還記得剛上低年級的筑筑與芮芮（我的女兒們），都曾經考過連 60 分都不到的分數，當時讓我們夫妻倆驚嚇不已！太太為了能夠理智面對女兒，都不曉得深呼吸了幾次，才能冷靜說出：「沒關係～考試錯很多一定是有哪裡還沒學會，我們一起來好好弄懂，下次一定會更厲害！」，這句話聽起來很輕鬆，但說出口並不容易，因為我們不希望成為被分數綁架而破壞孩子學習胃口的父母。

看到這裡，有些爸爸媽媽可能會覺得困惑：「所以如果孩子的學習狀況不佳，我們就隨他去，任由自己造化嗎？」那倒也不是，當孩子在學習上遇到的阻礙，其實我們是有許多方法可以陪著孩子一起努力突破的；而且這些方法使用在 3~6 歲或小學低年級的孩子效果最佳。書中我舉了非常多相當實用的方法與遊戲，只要持續落實在日常生活中，破解孩子的學習力問題只是遲早的事。

例如：

除了玩，對於任何事都超被動。→如何善用大腦反饋與懲罰的機制培養自律？

上課不專心，看電視卻能全神貫注。→如何避免先天不良後天失調，讓專心成為本能？

記了這個、忘了那個，總是跟不上老師的指令。→如何提升記憶，讓孩子記得住且跟得上？

面臨問題懶得想辦法解決，只想依賴大人幫忙。→如何讓孩子建立自己的問題解決資料庫？

我不是很喜歡「幾招就見效」、「幾分鐘玩出○○能力」、「3歲定終身」這類的說法，讓孩子喜歡學習、主動學習、知道如何學習，才是根本之道，而且在還沒進入小學前，就可以依循著孩子的發展節奏與特質，有計畫的開始。這本書將至少陪伴你三年的時間，一開始的閱讀是建立觀念，第二次閱讀是預想你與孩子間的親子陪伴計畫（不一定是真的要作完整的計劃，就算只是一個大方向，那也很好），當遇到問題或找不到靈感時，可以再閱讀第三次、第四次……幫助孩子盡早養成好的學習體質與習慣，用陪伴取代「盯」，未來的路才能越走越穩、越走越寬廣。

當孩子還在學齡前階段，我跟太太一路以小兒科學、兒童發展學、兒童心理學等等為基礎，陪伴孩子逐步累積學習的能量，她們在沒有上正音班、小學先修班、安親班的狀況下，一開始雖然遇過學習上的挫折，但仍能快速克服；喜歡閱讀、喜歡發問、喜歡學會一件事所帶來的成就感。所以，這一次，我不僅是以兒童職能治療師的身份寫書，內容更是以貼近家長的角度出發，我會用非常清楚且簡單的方式，以「兒童發展學」以及「腦與行為」做為指導框架，輔以臨床案例與為人父母的實戰經驗，介紹打造孩子良好學習體質的10項重點基礎，方向對了，才能幫助孩子在學習的道路上一步步漸入佳境。

目錄
*Contents*

## 第三章 邏輯思維的養成

## 第四章 語言理解及表達的養成

## 第五章 想像創造的養成

# 第一章

## 擁有正確觀念與習慣的父母，
## 自然能為孩子扎下最穩根基

# 「學習」不是上學
## 的那天才開始

對於「學習」我們往往容易落入狹隘的標
準裡，侷限越多，孩子在學習的道路上阻
礙就越多。

## 不要有過多的期待

　　學齡前的孩子人生才剛起步沒幾年，所接觸的事物有限、所
具備的能力也有限，父母是孩子生命中最初的啟蒙者，當抱有
不切實際的期待，認為孩子從小就要能主動學習，一旦孩子不
在自己預期的軌道上時，對孩子就容易產生否定，例如：

　　每次要說故事給他聽時，看到書就跑走。

　　→他是不是不愛讀書？

　　教他認數字，教了好幾次怎麼樣就是記不住。

　　→到底是太笨還是不用心？

幼兒園作業不多，但寫個作業卻要三催四請。

→將來上小學之後，那豈不是完了？

不切實際的期待，往往來自於父母對兒童發展的不清楚或是對自己孩子特質的不了解。上述這幾個的狀況，孩子為何有這樣的表現，很有可能是從未想過的原因所影響，但我們往往急著給孩子下評語或定論。

也許原因只是 ......

每次要說故事給他聽時，看到書就跑走。

→父母說故事的方式太無趣！

教他認數字，教了好幾次怎麼樣就是記不住。

→視知覺發展尚未到位！

幼兒園作業不多，但寫個作業卻要三催四請。

→父母都在看電視、滑手機！

## 身教重於言教

泰國有個由真人真事所改編的公益廣告：主角是一對相依為命的母女，母親不識字也未曾受過教育，兩個人靠著販賣切好

的水果維生。

故事是從切鳳梨開始的……

小女孩手握著手果刀使勁兒的來回在鳳梨果皮上切了又切，費了好一番功夫，依舊切不了，她的母親瞧見孩子遇到了困難，卻不發一語，只是在一旁拿起了一顆鳳梨開始去頭切尾，快速而俐落。女孩看到後，恍然大悟，明白了想切好鳳梨是需要用對方法的。於是她依樣畫葫蘆，小小年紀的她很快就學會了。

有一日，母親發現小女孩非常渴望跟其他小朋友一樣能夠吃到冰棒，於是自己利用自家販售的新鮮鳳梨製成冰棒，小女孩嚐了後，覺得好吃極了！心想，在炎熱的天氣裡這冰棒肯定熱銷，所以就對媽媽說：「也許可以拿來賣！」。

沒想到，隔天小女孩便付諸行動，抱著裝著鳳梨冰棒的冰桶在市場叫賣。一聲聲稚嫩的叫賣聲：「有沒有人要買鳳梨冰棒？」「有沒有人要買鳳梨冰棒？」可是走了一天，冰都融化了，一支也沒賣出去，她失望極了！

小女孩問母親：「媽媽，為什麼沒有人來買我的冰棒？」

母親沒有像指導教練般直接告訴小女孩該怎麼做，也沒有選

擇乾脆直接幫她將鳳梨冰棒賣掉，而是帶著溫柔且堅定的語氣告訴小女孩說：「妳應該要去市場，看看攤販怎麼賣他們的東西。」

就這樣，小女孩踏進了市場，開始觀察起攤商販售商品的方式，此起彼落的叫賣聲與琳瑯滿目的招牌，讓她悟出了一些方法；回到家之後，她在裝著冰棒的冰桶貼上了自製的醒目宣傳廣告，還構思了促銷方案：「像雪般的鳳梨冰，每一口都很清涼；一支 5 泰銖，三支 10 泰銖。」在修正了銷售的方式之後，小女孩所賣的鳳梨冰棒，果然開始大受歡迎。

這則廣告我曾在多場演講中分享給家長，一位沒受過什麼教育的母親，沒有多顯赫的學歷，也沒有多善言的口才，但她卻深知，讓孩子透過嘗試、觀察、模仿、修正……這些方式，才能獲得最深刻的學習。女孩的母親說：「我很開心看見她從中學到的經驗，還有學到自己解決問題的能力。」學齡前的小朋友如何學習？大人該怎麼教？在這簡短的三分鐘的影片內容中，其實已經可見端倪。

## 順應孩子的學習方式

模仿是最原始的學習機制，因此父母的身教很重要，對孩子的影響也相當深遠。讓我們再倒帶回到那段由真人故事所改編的廣告，小女孩帶回乏人問津的鳳梨冰棒向母親求援，如果母親直接告訴小女孩販售的技巧又或者是先數落一番：「你怎麼這麼笨！這樣……不就好了嗎！」那結果又會是如何呢？

廣告中所描繪的正是泰國一位名叫 Achara Poonsawat 的女孩與母親之間的故事，沒有優渥的環境足以「好好唸書」的她，卻考上了泰國最好的大學之一的「博仁大學」，甚至還成為一名老師，用教育來影響更多的孩子。Achara Poonsawat 的媽媽給孩子的正是順應小朋友大腦學習的方式，誰說在教室上課、做紙本練習、記憶背誦才是學習，實際上自嬰兒時期開始，學習這件事從沒停止過；把玩自己的小手小腳得先學會控制大小肌肉、跟大人頂嘴得先學會如何表達自己的想法……對於「學習」我們往往容易落入狹隘的標準裡，侷限越多，孩子在學習的道路上阻礙就越多。

# 先讓自己成為喜愛學習的大人

主要照顧者才是帶動孩子學習力至為重要的關鍵，尤其是對於 3-6 歲的小朋友影響更是顯著，喜愛學習的父母容易教養出有高度學習動機的小孩。

## 父母是孩子的第一個老師

有個剛就讀一年級的男孩問爸爸：「為什麼一定要上學？而且還要寫作業，大人都不用，真好。」

爸爸用老江湖的語氣告訴兒子：「我們小時候也都是這樣啊！小孩的工作本來就是要好好認真唸書，知道嗎！」

小孩看到父母在看電視、玩手機，內心真是羨慕不已，無心於課業時又頻頻被叮嚀與關切：「功課寫完了沒？」「還不趕快去寫評量！」「這次考試得幾分？」能在這樣的家庭氛圍中依舊

喜歡學習的孩子大概是個奇葩。

盤點我過去十幾年兒童職能治療師職業生涯，最常被家長問到的問題就屬小朋友過動或注意力方面的困擾：

「米加老師，我兒子常常上課無法專心，而且總是要大人一直盯著才有辦法把作業完成，要怎麼辦？這是不是注意力缺失造成的？」

其實在往病理因素方向思考之前，身為主要照顧者的爸爸、媽媽得最先觀察與了解的其實是：「孩子本身有學習動機嗎？」這是最核心卻也往往容易被忽略的問題；而身為大人的我們，又是否是喜歡學習的父母？

在學齡前，父母為孩子最主要的模仿與學習對象，回想一下，自己是否有曾經相當羨慕某某家的小朋友既聰明又懂事的經驗呢？不可否認，有些孩子天生就是來報恩的，但絕大多數聰明又懂事的孩子都有個不斷自我學習的父母，家學淵源、書香世家、音樂世家等等，說的正是父母與家庭對孩子的強大影響力。讀到這裡，此時焦慮感可能會不由自主的襲上你的心頭，你可能會擔心：「我從小就不愛唸書，現在也不太看書，既沒什麼才藝，各方面表現也都很普通，哪有辦法教孩子什麼，

小孩大概也只能交給補習班或才藝班訓練了，千萬別跟我一樣……」希望孩子能有良好的學習力，務必要抹去這樣的想法，因為主要照顧者才是帶動孩子學習力至為重要的關鍵，尤其是對於 3-6 歲的小朋友影響更是顯著！喜愛學習的父母容易教養出有高度學習動機的小孩。

## 啟動孩子的學習開關

因為從事醫療工作的關係，我每隔一段時間就必須利用假日的時間上與自己專業相關的在職進修課程，而太太自己本身也很喜歡參加一些感興趣的課程，所以女兒們對於爸爸、媽媽假日暫時「告假」去上課這件事，倒是習以為常的；甚至還會好奇大人們的上課內容，希望我們也能分享給他們聽。現在姊妹倆都已進入就學階段好一段時間，換我們好奇他們在學校的上課內容與方式，當他們願意滔滔不絕的跟我們分享：「我學會了……」「老師今天有帶我們看….」「今天去參觀… 我有發現…」，我知道他們已經打開了學習胃口，並且不把學習視為苦差事。

不過雖然知道「喜愛學習的父母容易教養出有高度學習動機

的小孩」這個事實，但要讓自己成為喜愛學習的父母容易嗎？平常要上班又得陪伴小孩，要額外空出時間「學習」，簡直是天方夜譚。放心，改變不必痛苦萬分，回想一下，當小孩自己在玩遊戲時，你是不是會利用短短的小空檔滑手機？也許是追劇，也許是看八卦新聞，又或者是與朋友傳訊聊天，或許你可以找一些感興趣的報章雜誌，甚至是童書也行，空檔時間不滑手機改看刊物，甚至也可以試著將你所閱讀的內容分享給孩子聽，一次、兩次、三次……你會發現你與孩子間的互動會越來越有品質，談話內容會越來越有深度。

### ◆ 忙碌父母如何讓自己成為喜愛學習的大人：

#### ▶ 善用空檔

降低滑手機的頻率，利用空檔閱讀、研究新事物、練習外語等等，都是不錯的選擇。

#### ▶ 跟著孩子一起學

別只是當孩子上才藝班的接送司機，跟著孩子一起學，例如，小孩去上美語課，那我們也可以找方法精進自己的美語程度。

#### ▶ 認真看待孩子的提問

當孩子提出我們也不是很了解的問題時，那就善用圖書館或網路搜尋，帶著孩子一起去找答案。

# 催熟或慢養？你所不知的 3-6 歲大腦發展步調

與其擔心孩子輸在起跑點，而為孩子安排各項課程或添購一大堆益智玩具，不如花點時間了解各年齡階段的兒童發展特徵，以及發掘自己孩子的特質與優勢，唯有在夠了解的基礎下，才能用最從容的節奏陪著孩子一起學習與成長。

## 把握早療的黃金時期？！

某個週四的晚上 10 點多，太太的手機傳來群組的訊息，她點開一看，是朋友傳了幾張他們家四歲的兒子正在奮戰寫作業的照片；再仔細一瞧，作業內容是數學加減計算題與閃卡記憶練習。原來朋友幫小孩報名了全腦開發課程，每週上課一次，而回家必須要配合作業練習。

朋友告訴兒子：「作業要完成假日才能出去玩喔！」

的確，完成作業是負責任應有的態度，但這些練習作業對於一個四歲孩子是否合適，就值得我們好好深思與了解了。

0-6 歲被視為大腦快速發展的時期，大腦重量會一路從出生時的 400 公克左右增加到 1200 公克左右，而腦神經細胞也會不斷增生，數量在 3-4 歲時達到高峰；到了七歲過後，大腦的重量已與成人相當接近，而神經細胞的數量也下降了不少，可見這短短的幾年時間，大腦的變化是相當劇烈的，我們治療師也將這個階段視為早期療育的最佳黃金期。

那麼，讓我們再回到讓孩子去上坊間流行的「腦力開發」課程這件事情上，不管是標榜全腦開發或右腦開發，課程均搭配有豐富的教材，訓練孩子瞬間記憶，能學習大量知識，對於正處於大腦快速發展時期的學齡前小朋友，快速就能看到「成效」，提前認得很多字、會寫數學題、記憶內容……不也是很不錯的選擇嗎？相信這是許多父母親的期許。但**事實真是如此嗎？每一個孩子都適合嗎？**

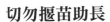 

## 切勿揠苗助長

我自己也是身為兩個孩子的爸爸，非常能夠理解父母對於孩子「將來如果跟不上……」的憂心；重度憂心的家長以防患未然為前提，開始為孩子安排各種以先修為導向的課程或幼兒園，採取標榜「系統化」的教材或練習本，讓孩子認字、寫字、算數。其實學習是潛移默化的，例如，孩子經常觀察到大人寫字的動作，有一天他可能會隨手拿起紙筆沉浸在「寫字」這件事上，並且告訴你「我在寫信給你喔！」又或者當你跟他一起看故事書時，他會突然好奇地問：「這個字是『小』嗎？」在這些自發的行為中，我們是否能觀察到原來孩子視知覺發展方面已逐步成熟到可以區辨符號的程度，而且現在還正值閱讀及書寫的敏感期，此時順勢帶著孩子學習指認更多字或練習仿寫一些簡單的字，相較於盡早使用課本或練習本強記學習，在天時與人和的條件下，更能收到事半功倍的效果。

強摘的瓜不甜，而提早被催熟的大腦容易疲乏；被動接受安排的孩子，越大越容易出現學習動機低落的情形，與其擔心孩子輸在起跑點，而為孩子安排各項課程或添購一大堆益智玩具，不如花點時間了解各年齡階段的兒童發展特徵，以及發掘自己孩子的特質與優勢。唯有在夠了解的基礎下，才能用最從容的節奏陪著孩子一起學習與成長。

# 影響學習的關鍵能力

## ◆ 年齡：3-4 歲：

### ▶ 細動作

- 能扭緊瓶蓋。
- 能疊高 10 塊以上小積木。
- 開始可以嘗試使用前三根手指握筆，接近成人的拿筆方式。
- 開始嘗試著色，一開始是亂塗，到逐漸能塗在範圍內（5-6 歲時較能完全穩定控制著色不超出範圍）。
- 能使用剪刀剪直線。
- 能劃出直線、斜線、圓形。

### ▶ 視知覺（說明：視知覺是關於視覺與認知的處理過程，是日後閱讀，抄寫，認字，識字之基礎。）

形狀

- 辨認基本形狀（如長方形、正方形、三角形、圓形）
- 區分高、矮、長、短。
- 能認得簡單的符號或字型（如注音符號、數字、大、小、上、下……）。

### 顏色

- 分辨至少 5-6 種顏色。

### 大小

- 可在一堆東西中挑出最大的。

### 數量

- 區分一個及多個。
- 能以手指點數至少 10 件物品。

### 位置

- 分辨上面、下面、旁邊。

### 順序

- 把 0-10 按次序排列。

## ▶ 持續性注意力

可以完全專注於一件事的時間約為 9-10 分鐘。

## ▶ 情境覺察

與別人相處時，愈來愈能意識別人的反應，行為已能符合外在規範。

## ◆ 年齡：4-5 歲：

### ▶ 邏輯推理

- 能依此類推，做較複雜的序列遊戲，如 1、2、□、4、5，可推理出缺少的數字是 3。
- 懂得按照物品的特性做精細的分類，例如：把衣物按照類型區分開來，再依照大小排好。

## ◆ 年齡：5-6 歲：

### 分散式注意力

可以同時注意兩件以上的事情，例如，一邊聽老師說話，一邊完成事情。

### 時間概念

- 知道每一天都是時間的單位，能從星期一數到星期天。
- 會回答一般的時間問題，例如「今天星期幾？」「你幾歲了？」「明天是誰的生日？」
- 能分辨日常生活作息時間，如幾點鐘上學？幾點鐘吃飯？幾點鐘睡覺？

### ▶ 排除反推概念

能夠排除不需要 / 不正確的，推理出需要的 / 正確的。

# 主動學習與被動學習的並進與轉化

把握孩子3歲後進入學前教育的階段,每一次有趣的被動學習經驗,就有機會為孩子帶來自發性的主動學習動機。

## 學習藏在細節裡

「主動學習可以讓大腦更活躍」!誰不希望自己的孩子對於學習能夠很主動?即便在兒童早期療育的工作領域中所陪伴及訓練過的小朋友早已成百上千,當家長跟我抱怨:「要他練習、寫字、看書⋯⋯經常要三催四請,到底要怎麼訓練,小孩才不會那麼被動?」老實說,過去要給予建議還真是不容易,因為我無法有十足的把握所提供的方法一定奏效;直到有一次,我從筑筑與芮芮的日常小事中發覺到,其實「主動學習是被動學習的延伸」,我們不能不切實際一開始就期待孩子隨時要能主動學習。

某天假日我們一家人還一派悠哉的在家各自做自己的事，打算將手邊的事情告一段落後，再出門到戶外走動走動。孩子們在空檔之餘一刻也不得閒，姊姊筑筑拿起紙筆開始畫她最喜愛的公主，並一一為她們命名還寫上注音……

「媽媽～茉莉公主的ㄇㄛˋ是這樣拼對嗎？」而妹妹芮芮也很忙，只見她拿著剪刀，抓著幾張廢紙剪啊剪，接著又拿了膠水在紙上又黏又貼，神情專注，不允許被打擾。過沒多久，芮芮興奮的前來展示成果。

「你看！我做好了。」

我端詳了一下，一臉困惑問她：「這是……？」

她指著她黏貼上的那些長條紙張說：「這是從我們家到學校的路線圖啊！」

我這才恍然大悟，想起了幼兒園最近安排「四通八達」與交通相關的學習主題，原來芮芮已將這些內容自然地吸收起來了。

## 創造主動學習契機

　　就語言發展、動作發展、認知發展及社會性發展的角度而言，三歲過後是進入幼兒園接觸團體生活、培養生活自理能力與接受學前教育的一個絕佳時間點，經由專業的幼教老師設計符合年齡發展的課程活動，讓小朋友在刻意的學習情境營造下，進行創作、觀察、操作等活動，這屬於被動學習，但「每一次有趣的的被動學習經驗，就有機會為孩子帶來自發性的主動學習動機」，這句話可能有點抽象，就以芮芮做為例子好了，她在幼兒園老師的活動設計中接觸到了與交通相關的事物，包含交通工具、交通號誌、交通規則、生活周遭的地理空間位置等，進而對路線圖產生了興趣，觀察到了這一點，其實不妨順勢借題發揮，聊一聊每天上下課的路線，例如：「你比較喜歡搭公車回家還是搭自己家裡的車回家？為什麼？」有趣的談話中，孩子可能會開始思考，交通工具間的差異、點與點之間的位置距離，或是在上下學途中所觀察到的事物，這就是被動學習轉化為主動學習的過程；時間允許的話，甚至可以安排家庭旅行，帶著孩子體驗各種交通工具、認識地理位置以及地區特色。

　　學齡前階段的孩子沒有必須顧及課業進度的考量，能夠有充足的時間去累積他們的觀察力、養大他們的好奇心、創建他們

的想像力、培養他們的行動力，而這些就是主動學習所需具備的要素，父母若把這個階段的學習焦點放在「拼音學會了沒？」「英文字母會寫了沒？」「加減法會算了沒？」……那會是相當可惜的一件事。

◈ **用正向的問句讓孩子更願意跟你分享在幼兒園所學：**

其實用透過問話式聊天方式，也可以讓孩子提升孩子邏輯與組織能力，例如：

「今天在學校有什麼好玩的事嗎？」

「看起來好厲害，你可以教我嗎？」

「你是怎麼完成的？我好想知道！」

「你們麼會知道這個？我以前小時候都沒學過這些。」

# 良好的學習環境需要刻意營造

打造家中良好的學習環境，不需要花大錢，但一開始要很刻意。

## 家才是孩子的學習起點

每年從 9 月份過後，帶著孩子至醫院兒童心智科看診的人數往往會有顯著的攀升，有不少家長是為了要幫孩子預約評估而來，小朋友的年齡多落在 6-7 歲之間，有部分孩子從幼兒園升上小學一段時間後，在學校的學習狀況及行為表現令老師們束手無策，不得不希望爸爸、媽媽能帶孩子尋求醫療的協助，釐清孩子是否因「注意力缺失症（ADD）」或「注意力不足過動症（ADHD）」所困擾，另一方面也希望能夠過療育的管道，尋求有效的改善方式。

其實經評估後真正被確診患有 ADD 或 ADHD 的小朋友並

不多，但若非病理因素，孩子為何面對課業學習所表現出的是：分心無法專注、躁動擾亂課堂秩序、態度散漫總是需要被提醒……其實老師上課方式無趣、理解力不足、動機及求知慾低......也都有可能是影響的因素，原因眾多。但再推究其原因的源頭，多半是家中的環境與氛圍不利於學習，長久下來孩子學習的本能與動機逐漸派不上用場，樂趣也逐漸消失殆盡。若我們不希望孩子在日後排斥學習、懶得學習、害怕學習，那麼家長勢必要打造家中良好的學習環境，**不需要花大錢，但一開始要很刻意。**

## 打造良好學習環境

　　既然為孩子營造家中良好的學習環境如此重要，但該怎麼做？要做到什麼程度？每個人喜好不同、經濟條件不同、要求當然也不同，沒有標準答案，只有大方向。我將營造學習環境的大方向分成兩個部分：一是有形的環境布置，二是無形的氛圍營造。

### ▶ 有形的環境布置：

一、減少不利學習的干擾物

## 1. 隨時方便觀看的電視節目／線上影片

當時間不再被隨時可觀看的電視節目以及線上影片給占據，生性不喜歡無聊的孩子，會開始主動腦力激盪「搞東搞西」，而不是按下遙控器或滑動手機螢幕，被動接受聲光輸入；長時間盯著螢幕看，傷害的不只是視力，更讓腦部活動力大減。

## 2. 琳瑯滿目的玩具

「購買玩具給孩子玩難道不妥嗎？」當然玩具本身並無不妥，不過當家中的空間到處都是玩具時，反倒容易破壞孩子的專注力且不利孩子建立玩遊戲的深度與廣度；上一秒鐘還在玩軌道火車，下一秒就轉移注意力拿起機器人來玩，不是孩子天生專注力不好，而是環境不利於讓孩子發展專注力。如果家裡玩具多，那就讓孩子學習收納與管理，每次只拿出所需要的一兩樣玩具出來玩，遊戲結束後再自己歸位原處。

## 二、適合揮灑創意的空間與素材

家裡有個空間是可以讓孩子自由揮灑創意的小角落，他們知道打開某個櫃子或抽屜，就可以找到排列整齊的廢紙、衛生紙捲筒、鐵絲、畫筆、黏膠等素材，任何想法都可以化為行動。

▲ 孩子們的材料櫃

## 三、乾淨且光線充足的塗鴉與書寫桌面

孩子還沒上小學，家長有需要特別準備寫作業的桌子嗎？當然是肯定的。3-6 歲需要大量的運筆經驗，為進入小學後的正式書寫做準備，不過是否需要書桌因人而異，我們家自己的習慣是讓孩子在大面積的餐桌上塗鴉、寫作業，這對於有兩個孩子以上的家庭是很不錯的方式；大人小孩同坐在一起，每天固定一個時段共同經營閱讀、寫作業、塗鴉時光。

▲ 蒐集空白廢紙，孩子可以用來塗鴉、創作、寫字。

## 四、依家中空間條件設置作品展示區

孩子最近學會了某些字、創作了畫作、組裝了玩具……只要是他們覺得滿意的或我們覺得不錯的，都會特別被放到作品展示區。

「哇～我覺得你這次會寫的數字又比上次多了，你最滿意你寫的哪幾個字呢？下次可以再寫得更好，我再幫你放到展示區，家裡有客人來的時候也看得到喔！」

小小孩的作品展示區，創造出每一次「學會了」或「完成了」的喜悅。

▲ 我們家的作品展示區

## 五、隨手可得並可輕易拿取的讀物

　　小朋友的身高不及大人，將書整齊地排列在書櫃上，雖然書本較能保持完好，但孩子只能被動等待爸媽的故事時間，與其如此，不如把書本放在孩子易於靠近的地方，家中不一定要訂製整片書牆，客廳及房間的矮櫃上、沙發邊桌都是擺放書籍不錯的位置，越容易引起孩子的注意且越容易拿取，書籍就越容易成為陪伴孩子的「好朋友」。

▲ 在顯眼的位置擺上幾本書，並且輕易就能拿取。

## ▶ 無形的氛圍營造

### 一、減少代勞，讓孩子做中學

無論是自理能力或問題解決能力，都是需要由我們減少為孩子代勞做起；整理自己的物品、記住上學要穿著的服裝，或買東西時自己看標價。當然 3-6 歲的孩子能嘗試做的不只這些，父母的角色可以是引導者，但不是代勞者。

### 二、鼓勵發問，必要時一起找答案

小朋友三歲左右，開始喜歡問「這是什麼？」「為什麼？」當然有時候不免是為了問而問，這時候，我們倒是可以反問孩子：「那你知道為什麼嗎？」「那你覺得呢？」……如此比起被問到不耐煩而告訴孩子「小孩子不要問這麼多！」會好上許多。不過當孩子認真地提出問題時，例如，「為什麼最近這麼快就天黑了？」我們不僅可以讚美孩子的觀察力，最好還要認真回答孩子的問題：「因為現在是冬令的季節喔！」打鐵可以趁熱，帶著孩子到圖書館找相關的書或上網找資料，一起找答案，絕對是親子間一種很棒的樂趣。

### 三、高頻率親子共讀，但不用刻意定期、定量

　　脫離了牙牙學語時期，孩子能理解的詞語也越來越多，相較於之前，這個階段可以挑選故事篇幅稍長及情節變化較多的繪本或簡易的自然科學類書籍。跟孩子一起共讀，我不太贊成給自己壓力，規定一定要每天在固定時段唸一定數量的書給孩子聽，有時工作累了，休息暫停一次也無妨，畢竟親子共讀本身應該是一件很享受的時光。

　　3-6 歲的孩子除了幼兒園以外，家就是他們最熟悉的地方，從用餐習慣、生活自理、人際互動關係、遊戲創意、生活觀察，一直到金錢觀念等等，家就是學習的起始點，千萬不要費盡心思為孩子挑選學校，卻放任孩子在家裡長時間看電視、滑手機，或是讓孩子過著茶來伸手飯來張口的日子，那豈不是本末倒置！做為學習起始點的「家」，需要父母用心經營，好的習慣養成後，孩子的學習才能倒吃甘蔗。

# 「有不錯的幼兒園嗎？」請別人推薦幼兒園前可得先三思

孩子若能在學齡前有很棒的上學經驗，對於未來的學習絕對是事半功倍。

## 孩子一定要上幼兒園嗎？

某天早上，迎面而來的鄰居阿姨瞧見我們夫妻倆帶著孩子們正要去幼兒園上課，向我們打了招呼，看著孩子說：「這麼小就去上學啦！現在的小孩真辛苦。」我猜想上學這件事對我們這位鄰居阿姨而言，大概不是什麼快樂的回憶吧！（誤）

其實筑筑跟芮芮非常喜歡跟家人分享在學校發生的大小事，瑣碎到像是今天在學校餐點的內容、幾號小朋友叫什麼名字、在學校玩了些什麼，再進階一點則會把在學校所學的新事物「秀」給我們看。

「你看！這是我們這組做的校園地圖，你猜猜我們班的教室在哪裡？」

感受到女兒們在幼兒園有這麼精彩的生活，我經常會發自內心跟他們說：「我也好想去上幼兒園，有吃、有玩又可以學到這麼多東西，真好！」

花一點時間幫孩子找一間合適的幼兒園，而非只聽聞名氣選擇明星幼兒園，孩子若能在學齡前有很棒的上學經驗，對於未來的學習絕對是如虎添翼。

曾有朋友問我：「你們家小朋友讀這所幼兒園，你覺得如何呢？推薦嗎？」說實在話，對於「推不推薦」這類的問題，還真是難倒我了，畢竟每個人喜好不同、理念不同，好比你向一位虔誠的佛教徒詢問：「這家餐廳你覺得如何？推薦嗎？」你得先至少確認自己也是蔬食者，才能得到合適的推薦。所以，要詢問他人推不推薦這家幼兒園之前，得先釐清自己的理念與想法。

如果換個問法：「我想幫小孩找有充足活動空間，而且注重引導小朋友觀察、思考、表達的幼兒園，你們家小朋友讀的這所幼兒園，你覺得如何呢？推薦嗎？」請別人推薦幼兒園前先

三思，我想你得到的心得分享會精準多了。

## 沒有掛保證的幼兒園

「幼兒園非小學的先修班」，這一點我誠心建議所有的家長都應該建立這樣的觀念，「玩中學」是學齡前階段很大的重點，從遊戲、觀察與實際操作中學習，是幼兒學習的最好方法，例如，從投票中學習數學，從歌謠中學會語感，從塗鴉創作學會運筆，從寫春聯活動中學會認字……小朋友和老師共同建構活動，讓孩子成為學習的主體，而不是「教」一門課程。在幼兒園這個階段，制式的教材就顯得多餘了，不管是採用主題教學、蒙特梭利、華德福等何種教學方式；又或是雙語教學或非雙語教學，基本上都不應脫離這個概念。

一所用心的幼兒園，不僅在環境的規劃上能以幼兒的需求為出發，在教學活動設計中，優質的老師也一定很願意給予陪伴與引導，所以父母除了打探口碑，利用開放入園參觀時間或經常路過該所幼兒園，親自去實際觀察孩子與老師的互動情形、小朋友的言行舉止、學生展示作品等等，都能從中窺見一二，這絕對不是高掛「賀！教育部評鑑通過」旗幟，就能一語言表的。

當然，幫孩子找到合適的幼兒園後，不表示教育的責任就可以開始轉交給老師，父母對學齡前的孩子而言，仍是深具影響力且不可動搖的。其實親師之間，**更像是一種合作夥伴關係**，可以幫我們觀察到孩子在學校不同面的表現；有好的老師，我們應該也要當個稱職的家長，相輔相成才能幫助提升孩子的能力。

**◆ 挑選合適的幼兒園可以從以下方向著手：**

· 立案與否
· 師資是否合格（教師、教保員及助理教保員）
· 師生比是否合格（ 2～3 歲－ 1：8 ／ 3 歲～入小學前－ 1：15）
· 環境設備
· 活動空間是否充足
· 教育理念
· 教學方式（主題教學、方案教學、大單元教學、角落教學、蒙特梭利教學、華德福教學……）
· 親師溝通管道
· 交通距離
· 每月平均費用

## 給孩子留白的時間 與無中生有的機會

身處在分心時代，對大人而言，要持續專注做好一件事都不一定容易了，更何況是行程滿滿、大腦一刻不得閒的幼兒，看似學了很多，但其實被損耗的更多。

## 斜槓兒童？！

治療師的日常工作，除了幫小朋友進行訓練課程以及與家長面談之外，每週幫新個案安排後續的上課時間，其實也不是件容易的事，除了要讓家長了解孩子的評估診斷結果，解說後續的療育訓練計畫，再來就是要為接下來的一連串療程安排時段。

「昊昊需要先針對衝動控制能力較弱的部分進行改善，穩定後，再慢慢加強他的專注力，之後上課時間安排在禮拜三或禮拜五下午的 4 點 30 分至 5 點。哪個時段你們會比較方便呢？」

只見爸媽面有難色。

「有禮拜六的時段可以選嗎？昊昊幼兒園下課後，都還要去參加其他課程，游泳課、鋼琴課、直排輪課，還有一週兩次的美語課，禮拜一到禮拜五很難再抽出其他時間，還是老師您這邊有晚上 8 點過後的時段可以安排呢？」

昊昊的爸媽倒也不是希望兒子能夠十八般武藝樣樣精通，而是覺得每天都讓昊昊有個事情做，總比放學回家後都在看電視、搞破壞好多了；回到家後洗個澡，再聽個睡前故事，然後準時九點半就寢，這是最佳的每日行程。

其實昊昊的注意力不集中問題，在與昊昊父母第一次談話中大概可推測原因：白天在幼兒園上課，下課後爸爸或媽媽會帶他去吃個晚餐，緊接著再到才藝班報到，每天都相當「充實」，直到就寢時，都還無法有自己的自主時間，隔一天醒來又再度循環著相同的行程安排。坦白說，有時並非孩子本身腦部結構異常而導致專注力不佳，而是他們不願意專注在他們不感興趣的事物上，又或者是他們其實已累到無法專注，此時孩子需要的不是專注力訓練，而是需要行程上的調整。

身處在分心時代，對大人而言，要持續專注做好一件事都不

一定容易了，更何況是行程滿滿、大腦一刻不得閒的幼兒，看似學了很多，但其實被損耗的更多。

## 讓孩子自己玩

安排才藝課這件事，本身並沒有什麼不妥，有些可以陶冶性情、有些可以運動強身，孩子也可以藉由額外上才藝課的機會培養興趣。但每一天都被安排好的課程或活動給填滿，怎麼會有時間將在才藝課所學的內容消化，更遑論是反覆練習並持續精進；另一方面，趕通告似的生活節奏，也很容易讓孩子失去「自己玩」的能力，不懂得如何自己玩，也不知如何獨處，不是被動的等著大人安排更多活動，就是一旦有空閒時就打開電視看卡通、開啟手機看影片或玩線上遊戲，久而久之大腦將會越來越被動，也會逐漸失去想像力與創造力。

所以當孩子因為沒事做而開始尋找樂子，做出令你覺得是在搞破壞的事情時，就別大動肝火了，在沒有立即的危險之下，允許孩子自由發揮，只要家中能營造合宜的環境，當孩子想找事情做時，他可能會選擇挑自己喜歡的書來看，也有可能拿舊玩具玩出新花樣，甚至也有可能忙著創建自己的大事業……像

在我們家就曾出現過娃娃澡堂、新娘造型工作室、魔法學校等
等有趣的扮家家酒遊戲,而這些點子就是來自於姊妹倆的日常
生活觀察,因為有足夠的留白時間,他們才能有機會發想與嘗
試。

▲ 家裡用不到的桌布、隨手蒐集來的小配件,新娘造型工作室就可以開
　張了!

　　如果萊特兄弟倆小時候每天也忙著補習、寫作業、上才藝課，他們又怎麼發現自己對機械的愛好，也沒時間將街道上的破銅爛鐵搬回家研究，更不可能異想天開進行飛行試驗，最終還真的建造出世界上首架飛機飛上天空。

　　試試調整生活步調，回到家完成該做的事之後（例如：洗碗、整理書包、寫功課……），每天都保有一段留白的時間，讓孩子可依照自己的速度、依照自己的興趣，決定想做的事或想玩的遊戲，當建立這樣的模式之後，你會發現孩子越來越主動、越來越能專注投入，親子間的相處品質也變得更好。

## 小心「快樂學習」的陷阱，究竟是沒興趣或沒毅力？

孩子的學習除了要孩子自己心甘情願之外，父母從旁幫助她肯定自己的努力，並專注地引領孩子扎根一步步的往前進，是很重要的！

## 學習要心甘情願

我們家裡擺了一台鋼琴，記得那是我幼兒園中班時爸媽買給我的，不過上了幾個月的鋼琴課後，就沒再繼續。至於是什麼原因在這麼短的時間就放棄了學琴，由於年代久遠早已不可考，而那鋼琴從此就成了家裡的氣質擺飾，直到我們姐姐筑筑有一天路過家裡附近的鋼琴教室時，出現了新契機。

有一天，太太心血來潮，幫筑筑預約了體驗課程，試上課程當天她興奮極了，老師用輕柔的口吻加上活潑的上課方式，成

功讓她有了美好的鋼琴課體驗，不過當下並沒有馬上幫報名正式課程。在那之後又過了一個多禮拜，筑筑突然問：「媽媽，我什麼時候可以再去上鋼琴課？」

太太心裡想：「莫非姐姐真的對鋼琴很有興趣？說不定還真有點天份？」

父母對於子女的期待，我想那是出自於天性。在女兒的懇求下，太太還是心甘情願地掏出腰包，讓筑筑正式學琴，但她不忘對女兒說：「鋼琴是妳自己決定要學的，以後回家都要每天練習，才會愈來越厲害，報名了之後就不能改變心意喔！」

學鋼琴的日子過了三個多月，隨著曲目難度的增加，筑筑在家練習彈琴時，已開始顯露疲態或是不耐煩，顯然蜜月期已結束。小小的雙手在琴鍵上隨意敷衍彈奏了十幾分鐘：「媽媽，我已經練習好了，可以休息了嗎？」

起初那個興致高昂、期盼著爸媽帶她去學琴的筑筑，對於學音樂的新鮮感早已退去。

當孩子接觸到感興趣事物的「初體驗」絕對是快樂的，而「快樂的初體驗」對成功的學習而言，當然絕對是占有一席之

地，不過你會發現，當學習到某個階段，難度也會隨之增加，不管是學游泳、舞蹈、圍棋等才藝或是語文、數學、自然等學科，如何讓孩子能夠面對挑戰並跨越挑戰，而非習慣放棄，考驗的正是父母的智慧。

「如果妳練習鋼琴的態度是這麼隨便，那真的好好想一想，是不是就不要再浪費時間、浪費錢去上鋼琴課？給妳 5 分鐘想清楚，決定好了，我再打電話跟陳老師說，之後也別再跟我說妳還想學什麼。」

筑筑哽咽地說：「媽媽，我想要繼續上鋼琴課，我會好好練習。」

「妳再想清楚，到底要不要繼續學，我實在不想一直督促妳去練習。」

「我真的確定還想上鋼琴課……」

經過那次的親子衝突，母女倆已經有許久沒有因為「練習鋼琴」這件事而不愉快，並不是因為筑筑屈服了，而是我們自己做了一些嘗試與改變，讓孩子也逐漸與以往不同。

## 如何引領孩子願意持續努力

### 1. 將大任務拆成小目標：

引導孩子將難度較高或較龐大的任務拆成小目標，每次達成一個小目標，就累積一次「我可以做得到」的信心，孩子若不知道如何解決困難，就給予適時的引導，耐心一步一步完成。

### 2. 給予獎勵肯定努力：

獎勵不一定是實體的禮物，也許是全家在週末一起去從事最喜歡的活動，在**不濫用獎勵**的條件之下，讓孩子在得到獎勵的同時，深刻體會到因努力而獲得「自我精進」的成就感。

### 3. 製造展現成果機會：

「從不會到會」是一件令人欣喜的事，學會了一首新曲子可以彈奏給長輩聽，學會了寫字可以當小幫手寫備忘錄，學會了游泳可以參加比賽自我挑戰……製造展現成果的機會，當孩子發現自己能夠「一展長才」時，就算沒有父母或師長的督促、就算再次遇到瓶頸，也較能持續產生動力，努力達到目標。

## 專注的引領很重要

我從自己以及許多孩子的身上印證了「幫助孩子願意持續努力」的重要性。上小學的筑筑，在幼兒園階段未正式學注音的書寫及拼音，剛開學的前三週，程度遠遠不及其他小朋友，不過我發現她雖然碰到了一些困難，但回家時還是非常樂於分享在學校所學；當錯誤的部分越來越少，正確的部分越來越多，我們就幫助她肯定自己的努力，現在的筑筑不逃避困難，有很大一部分是從學才藝中養成的態度。

3-6 歲的孩子可以開始練習選擇學一樣自己感興趣的才藝，因為不是出自於父母的決定，日後「小孩子沒興趣」自然就不構成放棄的理由。我們只要專注的引領孩子願意步步扎實的下功夫，不管有無天賦，日後都能收到成果！

第二章

打造孩子良好的學習體質

## 自律性

### 從良好的生活作息與規範養成開始，為日後的自律打下基礎！

學術單位或機構的研究指出，「自律」比智商更能預測一個人未來的學業表現、職涯成就、健康情形等；你不妨仔細觀察，每個領域的傑出人物其實都具備這樣的特質！

## 「自律」這件事

筑筑與芮芮每天放學回到家後便會開始各自整理自己的書包，該歸位的、該拿出來的，一併處理好；若嘴饞了就自己去打開冰箱拿一些點心犒賞自己的胃，滿足了之後，才心甘情願地輪流去清洗從學校帶回來的餐碗；緊接著洗澡、寫功課、練琴，晚上十點以前，若有多出來的時間，她們就可以隨心所欲來場親子故事時光，或是玩遊戲、畫畫、看影片。我們很少吆喝「都幾點了，趕快去寫功課！」或是「還不趕快去洗澡！」

因為他們比身為父母的我們，還更在意「時間」這件事，要是拖拖拉拉沒將時間掌控好，自由時間會因此縮短，甚至是失去，那可就更得不償失。

### 所謂的自律，是能夠延緩一時的滿足，做出好的選擇！

有許多學術單位或機構的研究指出，「自律」比智商更能預測一個人未來的學業表現、職涯成就、健康情形等；你不妨仔細觀察，每個領域的傑出人物其實都具備這樣的特質，但什麼是「自律」？對於有小孩的父母而言，可能先聯想到是能夠自動自發完成自己該做的事，但其實，這還意味著他們具備自我控制、負責任等等特質。不過我更喜歡未來教育發展協會副理事長－黃嘉琦，在她自己的文章中對自律所下的定義：「所謂的自律，不只是循規蹈矩或照章行事，而是能夠延緩一時的滿足，做出好的選擇。」看樣子筑筑與芮芮姊妹倆已經逐漸體會到了「延緩一時的滿足，就能帶來更好的結果」這個道理。

## 父母的態度是關鍵

天生自律的小孩的確存在，但那只是少數，關鍵在於父母的

態度。

不過希望孩子能夠擁有自律性可不能等待老天爺恩賜。

「神啊！請賜給我一個凡事自動自發，不用我操心的小孩。」

天生自律的小孩的確存在，但那畢竟只是少數，人的自律能力與掌管理性以及決策的大腦前額葉皮質部的發展有關，通常會隨著年紀增長逐步成熟；但這並不意味著當孩子長大了，自然就能發展出良好的自律能力。大腦前額葉皮質部的發展，是先天基因再加上後天經驗的交互影響結果，父母本身是否重視自律，對孩子的自律發展將會有重大的影響。

◆ **學齡前的自律養成必須從生活作息與規範為出發，3-6 歲具備自律性的行為表現有：**

1. 不用別人提醒，知道什麼時間該做什麼事（例如：起床後要換衣服、刷牙、洗臉……）。

2. 自己的東西能夠自己整理、保管妥當。

3. 維持自己和居住環境的整齊與清潔（例如：協助做家事、吃完東西後會清理桌面……）。

4. 能夠先觀察、思考再採取行動（例如：輪流等待玩遊戲、排隊、等待活動結束再進行下一個動作……）。

5. 符合場合的適當行為表現，不會過度影響別人（例如：
   在圖書館保持安靜、課堂上注意聽老師說話……）。

6. 懂得調節自己的情緒、想法及行為（例如：突然下雨，
   無法去遊樂園玩，雖然失望，但不會大發脾氣，甚
   至會去思考替代方案……）。

　　不過上述這些自律的行為表現不是當孩子三歲過後就能立即做到，不少小朋友上了小學之後，仍無法如期完成作業、忘東忘西、賴床遲到，這多半與自律性不足脫離不了關係。


## 如何培養自律性

　　**培養孩子自律性的四個步驟：說明、討論、示範、執行。**

　　3-6 歲的自律行為表現大致上可分為上述所提到的 6 大面向，大多時候孩子只需要父母帶著練習幾次就能做得很好，不過有時候不見得這麼順利，孩子有可能會因為動機不高、方法不正確或某方面能力尚不足（例如：情緒管理能力不佳），在自律的養成上頻頻遇到挫折，父母需要多點時間觀察。芮芮過

去有段時間，早上起床時總是坐在床上發呆許久，姊姊筑筑已經將自己都打理好準備要出門去學校，她才緩緩起身動作，早上出門就像在打一場硬戰，任誰也受不了。經過了解後，才知道，原來她經常會為了選擇衣服這件事無所適從，所以我花了一點時間這麼做：

一、說明：為什麼早上要準時到學校？遲到會有什麼影響？

二、討論：有什麼好辦法可以讓早上不要再因為穿衣服這件事影響到出門的時間嗎？

三、示範：可以「提前在前一天晚上就將衣服準備好」，我們今天就一起準備隔天要穿的衣物。

四、執行：讓芮芮溝通：「妳有沒有發現提前準備好就不會這麼匆忙了？記得以後每一天自己都要把隔天想穿的衣服、襪子先拿出來放在床邊喔！」

果然陪著孩子徹底執行一段時間之後，問題便迎刃而解。

## 善用大腦反饋與懲罰的機制

「做了就會有收穫」，叫做反饋；「不做就會有損失」，叫做懲罰，例如，筑筑與芮芮回到家後將洗碗、寫作業、整理書包這些例行的份內事處理的又快又好，不但獲得媽媽的讚賞，還多了更多時間可以自由安排，此時大腦就會獲得正向的反饋；相反的，若筑筑與芮芮回到家後拖拖拉拉，花了很多時間才處理好份內事，不但可能觸動媽媽的炸彈，還失去了可以玩遊戲的時間，這個結果為大腦帶來了負向的懲罰。人天生有趨吉避凶的本能，小孩也不例外，因此善用大腦反饋與懲罰的機制，讓孩子自己學會管理自己，比起不斷的提醒孩子該做些什麼會有效許多。

別小看這些從生活小事中累積出的自律能力，3-6 歲雖然仍處於他律時期，需要大人適時從旁引導，但在這個過程中正是為孩子日後的學齡期扎下深厚的自律學習基礎，未來才有能力為自己訂定學習目標、自我檢視及修正、自我增強及激勵。

**專注力**
**避開破壞孩子專注力的地雷，讓**
**專心成為本能！**

孩子大腦執行功能的發展在三歲過後會開
始有大幅的成長，我們應該好好呵護孩子
的每個專注時刻，避免不當的教養方式破
壞了孩子的專注力。

## 注意力影響學習效率

專注力是學習的必要條件之一，因為依據訊息處理理論，眾
多訊息出現時，唯有個體選擇注意的訊息，才會進入大腦的短
期記憶，再經由複習儲存為長期記憶；所以當孩子經常分心「上
課東張西望，跑來跑去」、「寫功課要摸上好半天，坐不住」，
當然學習的效率就大打折扣。

・後天失調影響專注力發展是許多現代孩子所面臨的問題

隨著育兒資訊的普及，有越來越多的家長及老師都聽聞過

ADD（注意力缺失症）或 ADHD（注意力不足過動症）這兩種被歸類在精神方面的疾患。許多帶著孩子前來醫院兒童心智科求診的父母，有不少是為了小朋友專注力不佳的問題而來；有的是被老師再三要求，有的是自發前來，心裡所擔心的就是「孩子是不是有過動或有注意力缺失」？但其實注意力不佳的原因並非單純只有這兩個可能性，感覺統合異常、動得不夠、生活中的環境刺激過多、低動機等等，有非常多原因都會影響一個人的專注力表現。後天失調是許多現代孩子所面臨的問題，照顧者不恰當的教養方式，往往很容易破壞了孩子專注力的發展。

• 3-6 歲的孩子能持續專注約 15-20 分鐘

大腦每天要處理這麼多的訊息，因此需要有良好的執行功能使我們能夠集中注意力、記住指令、處理多個任務、控制衝動及進行規劃。執行功能的控制，主要與大腦的前額葉皮層有關；根據研究，大腦的前額葉皮層要一直到二十幾歲才會成熟，因此要求 3-6 歲的孩子，要持續專注超過 15-20 分鐘（針對被要求的活動），且不被其他訊息干擾，亦或是記住複雜指令並加以處理，是不恰當的期待。不過，執行功能的發展在三歲過後，會開始有大幅的成長，我們應該好好呵護孩子的每個專注時刻，避免不當的教養方式破壞了孩子的專注力。

# 破壞孩子專注力的 4 大地雷

## 1. 讓孩子過度依賴看電視、玩手機打發時間

現今電視、智慧型手機普及，孩子接觸的機會也相對變多，若螢幕陪伴了孩子多半的時間，當習慣於強烈的聲光刺激後，就難以靜下心來做一件事情，也會衍生其他問題。

 **這樣做會更好：**

安排休閒活動，例如，全家人一起到戶外踏青、露營、騎腳踏車；若不想出門，也可以在家一起玩桌遊、棋類遊戲或是讓孩子塗鴉、閱讀，這些都是不錯的選擇。

## 2. 怕小孩沒事做，每天行程滿滿

不管是擔心孩子競爭力不夠也好，或無聊會作亂也罷，為了孩子用心安排了滿滿的課程或活動，反倒讓孩子流於趕場的狀態中，在過度消耗之下，還要維持專注，是強人所難。

**這樣做會更好：**

　　保有「留白時間」，這個時間是自主的，孩子可以決定做自己喜歡的事情；這個留白時間也可以作為孩子的獎勵，為了能夠早點享受這個自由支配的歡樂時光，他們得更專注、更有效率的好好完成某些事。

## 3. 太過急躁，經常打斷孩子正在進行的事

　　當孩子專心在做著某件事，也許是閱讀故事書，或是組裝玩具，聽到大人呼喚他：「你看這邊！有切好的水果，要不要吃？」通常孩子吃完水果之後，大概也忘了那剛剛看到一半的故事或組裝到一半的玩具，轉而去進行別的活動。

 **這樣做會更好：**

　　讓孩子好好的專注將一件事完成，不要隨意打擾；當孩子在做自己的事情時，頻頻問孩子：「要不要喝水？」「要不要上廁所？」「肚子餓不餓？」……或是干涉孩子「不是這樣弄啦」、「這樣不對喔」……太過頭的關注反倒不是一件好事。

### 4. 忽略孩子的運動需求

運動可以調節神經系統內正腎上腺素、多巴胺及血清素等的分泌，幫助大腦提高專注力，國民健康署就建議每天應至少運動 30 分鐘；有些父母認為孩子的注意力不佳，因此為孩子安排了大量需要高度專注的靜態活動，期待他們提升專注力，這其實是本末倒置。

**這樣做會更好：**

建立孩子的運動習慣，讓小孩參加運動相關的活動；若父母能陪小孩一起運動能就更棒了！

　　上述破壞專注力發展的 4 大教養地雷，要避免誤踩其實並不難，大部分與生活習慣息息相關，只要父母願意維護，正常情況之下，孩子自然而然有能力專心學習。

# 觀察力
## 良好的觀察力為孩子打開學習的接收器！

觀察力是孩子認識世界、增長知識的重要途徑，「能好好的觀察眼睛所見以及聆聽耳朵所聞」，與大腦的學習息息相關；簡單來說，觀察力是智力發展至為重要的基礎。

## 生活中處處都有學習的元素

有一回，帶著芮芮去搭捷運，她一臉認真的開口問：「我們今天要搭淡水信義線嗎？還是松山新店線？」我著實覺得蠻驚奇的，因為我跟太太過去從沒這麼仔細的跟芮芮介紹大台北地區的捷運路線，頂多只告訴她今天要搭到哪一站。在那天的路程中，她還侃侃而談關於她所知道的捷運，例如，像是捷運駕駛員判斷何時可關閉車廂門的訣竅、車廂上的按鈕分別是什麼功能、以及捷運站內的廣播等等。後來太太跟芮芮的幼兒園老

師聊起了這件事，我們這才知道，原來老師在上週帶著班上的小朋友到離學校最近的捷運站進行實地探訪，入站後小朋友們在老師的引導下，各個都像個小觀察員，睜大眼睛環視站內的每個角落，不管是來來往往的人或是固定不動的物品，他們都不想放過，在那足足待上了一個小時，才心滿意足離開返回學校。

我非常佩服芮芮幼兒園的老師們，不但支持孩子的想法（雖然有時候很天馬行空），更願意花時間帶領著他們進行實際的探索。**觀察力是孩子認識世界、增長知識的重要途徑**，很多生活上大人認為不起眼的小訊息，都可能是引發孩子產生持續的關注，而成為學習新知識的重要線索。

## 觀察力對孩子的影響

幫助孩子學會更細膩地觀察，擴展理解的廣度與深度是很重要的！

「眼觀四面，耳聽八方」、「耳聰目明」都隱含有聰明與敏銳的意思，我們每天從外界接觸到的訊息，有 **80**％是透過視覺以及聽覺傳輸至大腦，可見「能好好的觀察眼睛所見以及聆聽耳朵所聞」，與大腦的學習息息相關。

簡單來說，觀察力是智力發展至為重要的基礎。有些孩子天生就有敏銳的觀察力，例如，第一次看到店家的玻璃門居然會自動打開，他可能會盯著門瞧了又瞧，或頻頻進出這個門，為了預防孩子被門夾傷的危險，父母當然會大聲警告：「怎麼老是講不聽，就告訴你不要一直去玩那個門！」在我們大人眼中的貪玩行為，其實沒被發現的是孩子從生活觀察所延伸出的內在好奇與實驗精神；每個人同樣可以看見鳥在天空飛翔，但鳥類飛行卻可以成為萊特兄弟發明飛機的構想源頭，這正是觀察力的差異。

## 培養細膩觀察力的方法

雖然並不是每個孩子都有細膩的觀察力特質，但值得慶幸的是，觀察力能從後天的環境中養成。但要如何引導孩子將生活中的「看到」或「聽到」轉化為更進一步的觀察？

一、拋出問題

當孩子注視著某件事物時，通常是他注意到了自己感興趣的部分，我們不妨以問問題的方式來誘發孩子更強烈的好奇心以及探究的慾望。有段時間，我們家附近的路段一直處於施工狀

態，停了一些大型機具……

「挖土機在這條路上一直挖一直挖，不知道是不是要換汙水下水道的接管？你知道什麼是汙水下水道嗎？」

這個問題讓我跟孩子們開始討論起馬路底下的世界。

二、延續問題

光是用說的還不夠，如果後續可以為孩子挑選相關的內容做為親子共讀的書籍，或者是上網搜尋相關的影片與孩子一起觀賞，長期保有這樣的習慣，有助於幫助孩子建立更有系統、更有深度的觀察能力。

在拋出問題與延續問題一來一往的親子互動之間，不僅幫助孩子學會更細膩地觀察、擴展理解的廣度與深度，你會發現，與孩子的聊天內容也跟著豐富了起來！

## 視知覺

**認識視知覺 7 大類型，教出孩子的視覺空間學習力。**

人會藉由感官來與環境互動並引發學習，所有的感官當中，視覺就佔了 75％～85％，其餘才是聽覺和觸覺；而視覺必須要能再與知覺結合， 在學習的過程中才得以發揮，否則只是「有看沒有到」。

## 視知覺是閱讀、抄寫、認字、識字之基礎

歌手蕭敬騰曾在媒體的專訪中談及他的童年……

「大概是小學低年級的時候，那時哥哥姊姊常拿著漫畫書，一邊看一邊大笑，當時我就想，這是怎麼樣的一本書，可以讓他們看得如此開心？我順手把桌上的漫畫書拿來看，但左看右看，我都不懂好笑的點在哪裡。我問他們哪個地方好笑，聽他們講完之後再看一遍，甚至試著把對話框裡面的字一個一個讀

出來，但還是沒辦法知道這一整段話是在講什麼；更困擾的是，我無法決定漫畫要從哪一格看起，是該由上往下？還是從左到右？」

可惜教養相關的資訊以及兒童早期療育，在過去的年代並不是那麼普遍，蕭敬騰童年所遭遇到的困擾，有相當高的機率是與大腦中的「視知覺」能力出了問題有關；智力明明正常，卻有閱讀上的困難。還好老天爺賞飯，給了他表演天賦，在努力之下，開啟了耀眼的演藝之路。

「視知覺」是關於視覺與認知的處理過程，這麼解說或許還是有點抽象；簡單來說，視覺是透過眼睛這個感覺器官所獲得的主觀感覺，例如：輪廓、大小、顏色等等，這些主觀的感覺訊息，本身還需要透過認知才能區辨意義，也就是視覺加上認知才能判斷出「紅色的圖案是圓形，綠色的圖案是三角形」這樣的結果。當然，這個例子只是視知覺當中的其中一項能力－「視覺區辨」，其他還包含視覺記憶、順序記憶、視覺完形、物體恆常、空間關係、前景背景，這些都是閱讀、抄寫、認字、識字所需要的基礎。

## 孩子說不出的苦

有些小朋友在進入了小學之後，會開始發現讀書或寫字對他們而言不是這麼容易，甚至還可能困難重重！有時真的不是他們不認真，而是視知覺能力不佳，讓孩子有困難卻不知該如何表達。譬如：

1. 經常把字寫顛倒或是少了些筆劃。

2. 閱讀或抄寫時，跳行或漏字情況嚴重。

3. 字形辨別或認出寫字錯誤的地方會有困難。

4. 數學空間概念不佳，難以區分前、後、左、右、上、下、遠、近等之間的不同。

5. 記不太住剛剛所看到的文字或圖片，抄寫速度緩慢。

同時，現今的**數位時代，更是不利孩子的視知覺發展。**

一般而言，三歲過後視力可達 1.0，視知覺的發展也會有大躍進，像是辨識路上的招牌、看著東西點數、仿畫等等，但是過量的螢幕聲光刺激，影響的除了是大家較熟知的視力與專注

力之外，其實對於幼兒的視知覺發展影響也相當大，眼睛的聚焦、追視、搜尋能力，正是日後閱讀與書寫所需要的基礎，而孩子大量觀看影音節目以及玩電玩遊戲的過程中，較無法發展眼球周邊小肌肉的控制能力，長久下來就成了影響孩子學習能力的因素之一，而且不容易被發現，這是我們這些身處數位時代的父母容易忽略的問題。

## 引導善用數位科技

如何利用數位科技帶來的好處，而又不會對孩子的發展造成不良的影響？

對於學齡前的孩子，家長只要做到「**慎選內容、控管時間、以身作則**」這三個部分其實就可以了。我們家沒有使用電視，筑筑與芮芮大部分是透過電腦觀看線上的影音內容，所以他們姊妹倆會從預先篩選過的頻道，挑選想看的節目；時間控管的部分，起初我們會直接告訴他們「30 分鐘到囉！該讓眼睛休息。」到後來則改為讓他們自己學會留意時間，在一旁的時鐘就發揮了很大的提醒作用，一旦沒控制好，就只好暫停一週。另一方面，身為父母的我們可也別忘了以身作則，放下手機多

陪伴孩子。另外，3-6 歲的孩子，其 3C 產品使用時間建議：1-2
天一次；一次最多 30 分鐘。

 **這樣做會更好：**

幫助孩子視知覺發展的遊戲或活動，例如：積木仿作、玩桌
遊、拼圖、親子共讀……都是很好的選擇！

# 手眼協調
# （視動整合能力）

**「眼明手快」帶給孩子最低阻力
的學習。**

3-6 歲的小朋友，最首要的不是盡早學會認
字、寫字，應該是要扎穩基礎能力。若能
「眼明手快」，擁有良好的視動整合能力，
學習不僅跟得上、還能處理的好，自然也
就能更具信心。

## 陪孩子寫作業

　　小學一年級開學後的幾週，往往是小朋友的能力現形期，有
的孩子各方面應付自如，有的孩子寫功課的速度慢、字跡潦草；
更慘的是，沒寫幾行字就開始頻頻喊手痠。根據我多年的觀察，
「陪同小孩寫作業這件事」，一直是穩坐破壞親子關係的排行
榜前三名。不少父母早有先見之明，還沒開學就決定好將小孩
的回家作業外包給安親班，過程不重要，只要回到家時功課有

完成就行了。其實這麼做蠻可惜的，我很鼓勵父母去參與孩子的寫作業過程，這時間的長短以及頻率，因每個家庭而異，但因為在陪伴的過程中，才能了解孩子的真實學習狀況，像是寫作業要花很久的時間，或者是字寫得歪七扭八這類的問題，有時並非孩子故意要敷衍，而是基礎能力當中的「手眼協調」出了問題，而這沒有扎穩的基礎能力，在未來又往往延伸更多的學習問題。

## 眼明手快，學習更有信心

眼明手快指的是「眼光銳利，動作敏捷。」這四個字的組合相當有意思，用比較學術一點的說法就是「視覺輸入大腦之後就能迅速做出最佳的動作反應」，這點出的就是兒童發展評估指標之一的「視動整合能力」，也就是一般我們常說的手眼協調，像是著色、剪紙、抄寫、丟接球等等，這些活動都牽涉到視覺功能的使用與視動整合的能力，因此 3-6 歲小朋友最首要的不是早點學會認字、寫字，以避免日後跟不上同儕，父母應該幫助孩子扎穩基礎能力，孩子若能「眼明手快」，擁有良好的視動整合能力，不僅跟得上、還能處理的好；當阻力少，對於學習一項新事物自然也就能更具信心。

　　另外，最低阻力的學習，其實是建立在眾多小小的經驗之上。孩子的學習建立在以往的經驗，人都會用以前學過的方法處理當下所需要執行的事，當沒有經驗可依循時，就需要讓孩子花上更多倍的時間去摸索、去練習，就像是讓一個尚未有成熟運筆經驗的孩子寫字，又或者是讓一個很少接觸球類活動的孩子去打羽球，沒有經驗且沒有相當的能力，挫敗想必是難以避免。

## 3 ～ 6 歲視整合能力評估

　　希望孩子未來手眼協調性佳，這些經驗都有了嗎？

◆ **3 ～ 4 歲 ：**

1. 剪刀的使用上，孩子可以自行在紙上剪出直線、弧線。
2. 運筆更熟練，知道怎麼控制手部肌肉，進而穩定操作。
3. 對「著色」這件事有興趣，盡可能會在圖案框內著色，不太會超出範圍。
4. 可以嘗試用筆，走紙上迷宮，而不太偏離路線。

5. 會仿畫，畫出簡單的圖案，如：圓形、十字架。

6. 能夠自行脫掉較寬鬆的衣褲，甚至可自己打開鈕扣款式的衣服（但可能無法扣上）。

7. 玩丟球遊戲時，對球產生目標性（瞄準目標），知道要接下對方丟過來的球。

◆ **4 ～ 5 歲 ：**

1. 可以自行穿著衣服，例如，對準襯衫上的孔洞、扣上鈕扣。

2. 仿畫的圖案類型增加，如：正方形、三角形、斜線、斜角等。

3. 可以做出組合式的黏土塑形，如：搓出長條形、圓形、方形，再組合出動物的樣子。

4. 能夠玩更複雜圖案的紙上連連看和迷宮。

5. 喜歡玩摺紙遊戲，不會只是胡亂折，而是可以「角對角」對折，頂多僅有 1 公分落差。

6. 在球類遊戲上，開始懂得如何拍球，但只能拍 2 ～ 3 下左右。

◆ **5 ～ 6 歲 ：**

日常生活上，幾乎已逐漸接近成人節奏，執行手眼協調動作的速度、流暢度都進步不少。

# 工作記憶

## 學過卻老是一下子就忘，如何讓孩子記得住、跟得上？

「工作記憶」是一種同時記憶、處理、執行的記憶運作模式，無微不至的照顧模式以及打壓式的教養方式，只會讓孩子的工作記憶能力發展受限；一心多用，反而讓孩子記得住、跟得上。

## 強行輸入記憶有用嗎？

小寬是幼兒園中班的孩子，雖然是中班年紀才開始上學，但他人緣好，很快就融入了團體生活，唯一讓小寬爸爸、媽媽擔心的是，老師發現小寬在學校似乎經常有分心的情況，例如，當老師說：「小朋友們，請把你們剛剛完成的作品放在綠色的桌上，洗好抹布並晾掛好後，再回到地板的紅色框框內坐好。」通常，小寬只能跟得上前半段的指令，而無法完成後半段的任務，所以老師只好不停地重複提醒小寬。小寬的爸媽擔心極了，

「是不是孩子專注力不好，所以上課時老是神遊？」然而在與小寬進行評估的過程中，我發現他的專注能力表現其實是符合中班年紀的水準，學校老師所觀察到的問題，與小寬的工作記憶能力不佳較有關係。

大腦的「工作記憶」就如電腦的 RAM（隨機存取記憶體），需要不斷處理與協調大量的訊息，是屬於一種較短時間範圍的記憶形式。這種必須得同時記憶、處理、執行的記憶運作模式，不僅影響著日常生活，對於課業學習也不容小覷，例如，讀了好幾遍題目說明，雖然每個字都唸對，但唸完句子後也幾乎快忘得快差不多，更別提要掌握內容大意，並且寫出答案。一般工作記憶不好的孩子，遇到學習上的困難時，常被要求要一直唸、一直背，但被強行輸入短期記憶的資訊，其實仍是無法讓大腦以有效率的方式運作的。

## 工作記憶受教養方式影響

無微不至的照顧方式讓孩子的工作記憶能力發展受阻！

回到剛剛聊到的小寬，小寬是家裡的獨生子，因為家裡經濟

狀況還算不錯，再加上小寬媽媽希望能趁著孩子還小時多給他一些陪伴，於是毅然決然離開職場，全心全意照顧他，要不是先生及家裡的長輩多次提出讓小寬去上幼兒園的建議，她真的非常想讓小寬七歲時直接去上小學就行了。

育兒這件事必定親力親為的寬媽，很認真的想給孩子最好的環境，該買的套書、玩具、用品樣樣沒少過；生活大小事也樣樣打理得周全，只要看見小寬每天開開心心，她就心滿意足了。在幾次與小寬以及他的父母接觸之後，我大概可以拼湊出小寬這個孩子之所以大腦的工作記憶能力不足的原因，那就是照顧者「忘了孩子需要長大」，無微不至的照顧方式，讓孩子不太需要鍛鍊大腦，大腦中層級較高的工作記憶能力自然而然就發展受阻。

### 打壓式的教養方式讓孩子的工作記憶能力發展受限！

「就跟你講過好幾次，還是錯！」「這個你不會啦！你弄不好，我還要善後，先去別的地方玩。」……因為心急又或者是因為出自於不放心，我們可能經常在不自覺中對孩子說出了這些話，長期被打壓的自信，令孩子不敢接受挑戰，因為他們擔心犯錯而招致責罵或處罰，當孩子認為「我不行」、「我什麼都做不好」、「我辦不到」……工作記憶能力的發展將會受到很大的限制。

## 利用桌遊檢視孩子的工作記憶能力

相當容易取得的撲克牌，是很不錯的家庭娛樂小物，對小朋友而言，撲克牌也是桌遊的一種，所以我也蠻常使用它做為訓練孩子的媒介。其實工作記憶能力好不好，透過一些撲克牌簡單又有趣的小遊戲，也是一種可以快速檢視的方法。

 **這樣做會更好：**

### ▶ 撲克牌小遊戲

工具：撲克牌一副

人數：可以兩個人玩，也可以多人一起玩，增加競爭感。

方法：將撲克牌有花色及數字的那一面逐一翻示出來，隨性的將它放在孩子面前，並請孩子觀察，當出現 4 次相同花色的牌時，就要趕快喊出該花色名稱，例如「黑桃」，喊對了才可計分。

（備註：此遊戲適合 4 歲（含）以上的小朋友。）

## 一心多用讓孩子記得住、跟得上

看到我鼓勵小朋友「一心多用」，大部分的人肯定會相當驚訝：「我就怕孩子不專心，怎麼可能還允許一心多用，這實在是太荒謬了！」

我所指的一心多用，並非分心同時做很多事，而是執行需要複雜多工的事，例如，請小朋友將散亂的故事書整理好，因為書有大有小、有高有低，再加上有不同的類別，所以除了請小朋友歸位以外，不妨再更進階一點，讓小朋友練習自己將故事書排列得井然有序。

父母可以這樣告訴孩子：「為了之後方便找書、拿書，你可以把中文書放櫃子的第一層，英文書放第二層；從大本的書依序開始放，大、中、小……」孩子為了處理好這件事，必須得記憶指令、視覺搜尋、物品分類、大小排序記憶等，這就是讓大腦啟動工作記憶來執行複雜多工的事。

我在遊戲治療的活動中，會運用許多不同的玩法來特別訓練小朋友的工作記憶能力，而對於家長來說，訓練孩子工作記憶能力最簡單的方式，就是在日常生活中創造讓孩子擔任小幫手的機會，不要怕孩子做不來、處理不好；一心多用的練習，讓孩子記得住、跟得上。

**試誤學習**

**別隨意下指導棋，讓孩子懂得發現錯誤點，做出修正。**

當孩子在發展或學習某些新行為時，我們需要給予孩子的是時間，毋需過度關注，漸漸地孩子便能對自己的行為與選擇更有判斷能力與責任感。

## 從嘗試錯誤中學習

所謂試誤學習（試錯誤學習）是來自美國的教育心理學家桑代克（E.L. Thorndike）根據對動物（主要是貓）學習的實驗研究所提出的一項學習理論。他認為個體是經由嘗試錯誤而學習；學習剛開始時，正確反應的出現是偶然的，經過反覆的嘗試，錯誤的反應逐漸減少，正確反應保留而增多，終於使固定刺激與固定反應間形成牢固的聯結。

這段話讀起來有那麼點艱澀，我舉個大家比較熟悉的例子好

了。對於一個從未接觸過形狀配對盒玩具的幼兒，第一次拿到這個新奇有趣的東西，他發現這個盒子有好多洞洞，於是好奇的想把在一旁的積木塞進某個洞裡，但卻怎麼樣也放不進去，於是他決定改試其他形狀的洞，很幸運的居然誤打誤撞進了盒子，這實在是太好玩了！所以他決定將所有積木都放進裡面，經過多次嘗試，時而成功時而失敗，但成功率越來越高，到最後他發覺，原來只要形狀互相對應就行了，三角形的積木要放進三角形的洞裡、正方形的積木要放進正方形的洞裡……這段過程正是「試誤學習」。

## 學習是需要嘗試的時間

　　試誤學習的能力與認知相關的發展（詳見附表一）有極大的關係。例如，三歲的孩子雖然能瞭解部分與整體的關係，不過他們玩拼圖的方式多半就是以「先試再說」；但對於一個四歲的孩子而言，可就沒這麼魯莽，拼圖時會注意顏色或部位，是比較有技巧的。

　　在好幾次關於情緒議題的親職講座課程中，不少家長曾問我有關於「我的孩子挫折忍受度很差，遇到困難，動不動就生氣、

放棄，該怎麼辦？」其實這個問題不管是以情緒管理或挫折忍受的角度去思考，都只是見樹不見林，有時可能是因為孩子的認知能力出現狀況，進而導致了試誤學習能力不佳，「嗚嗚～～怎麼試都不行、怎麼弄都不對……」照著兒童發展里程碑，一般而言，**一歲多的幼兒就會發展出試誤學習能力，到三歲左右已穩定成熟。**

桑代克用貓進行的試誤實驗時，把餓貓放在籠內，籠外放著食物。一開始飢餓的貓在籠內又是亂抓又是亂咬，經過一段時間後，終於因觸動了門鈕而順利打開籠門，因而得到食物。桑代克發現這隻貓在反覆經歷多次相同的過程後，它能夠逐漸減少那些無益的動作，到了最後，它一入籠內，就去扳門鈕，打開籠門；也就是說，貓學習正確反應行為之前，需要花費一段時間來進行嘗試，才能夠漸漸地漸少錯誤、並找到適合的反應行為。

基於這樣的了解，當我們在幫助孩子發展或學習某些新行為時，我們也需要給予孩子時間，**讓孩子懂得發現錯誤點，並做出修正。**過度關注孩子的父母，不由自主會盯著孩子的一舉一動，不管是玩遊戲、人際互動、課業學習，深怕孩子犯錯、深怕孩子不懂、深怕孩子受傷，「這樣不對啦！要這樣子才

行。」……雖然幫孩子排除掉了一些你認為的無效方法，但對孩子來說，這樣的嘗試，如果能夠在容許及陪伴下，而非在否定、指責和叨唸下進行，那麼，這樣的歷程，孩子便漸漸地能對自己的行為與選擇更有判斷能力與責任感。

◆ **附表一**

▶ **3-6 歲孩子的認知發展**

**3-4 歲**

1. 可以指認出常常看到的數字、標誌或符號。
2. 能辨識出除了紅、黃、藍等更多的顏色。
3. 方向感和空間感逐漸成熟，能按照「下面」、「上面」、「旁邊」、「前面」或「後面」等指示行事。
4. 可以正確的數數，但數的概念仍然不佳。（雖然會數 12345，但不一定知道哪個數字最大。）
5. 可以從同種類的兩物中，區別何者大何者小、何者輕何者重、何者長何者短等等。

**4-5 歲**

1. 知道一天當中什麼時間該做什麼事。
2. 能夠數數到 20 以上。

3. 會點數物品（一般而言約可達 17 個以上）。

4. 有次序的概念（最先、最後、中間）。

5. 能夠從三堆物品當中區分哪一堆最多。

6. 能夠從一堆物品當中依照大小順序排列。

### 5-6 歲

1. 有更精確的時間概念（例如：知道一分鐘比一小時短）。

2. 能將 0-10 依照次序排好，也會照次序連接（例如：若講 5、6、7，他會接著說 8、9、10）。

3. 會點數移動中的物品（例如：行進中的動物有幾隻？）。

4. 在 10 個排列好的物品當中，可以指出第幾個是哪一個。

5. 可區分相距最近或最遠的物品。

# 問題解決能力
### 漸進式放手，鍛鍊出孩子的靈活好腦袋。

若希望孩子日後能有足夠的能力與自信獨
當一面，問題解決能力絕對是不可或缺
的！雖然過程中可能會經常面臨挫敗，這
都是很正常的，千萬別用自己的想法與經
驗框住孩子。

## 從生活小事件中學習

大女兒筑筑升格為小學生之後，學校的課業學習、人際相
處、生活作息等等，不到一個月都已能在軌道上從容應付，身
為她的父母真的是能放一百八十萬個心。不過某天她卻發生了
在小學的第一次失誤……

「我忘記把餐碗帶回家了，碗還放在課後班的教室裡。」

「明天記得找下課時間去拿，先洗一洗，中午才有碗能吃午

餐喔！」

隔天放學回家後，媽媽發現女兒並未將碗帶回家，一問之下才知道，原來筑筑不敢到其他班去找回她的碗，她沒有勇氣跟別人說「我的碗昨天遺落在你們班上了，請問你有看到嗎？」也害怕其他小朋友看著她的眼神。被假想出的可怕情境所困住的筑筑，有足足三天都空手而回，即便媽媽已經多次跟她進行表達、求助演練再加上信心喊話，但遲遲未能成功達成任務，甚至洗澡洗到一半還忍不住悲從中來，淚灑浴室泣訴：「我……真的沒辦法嗚……嗚……」。

其實碗的問題倒也好解決，我們可以再為筑筑買一個全新的碗，又或者是直接替她打電話到學校請老師幫忙，不過這些看似快速的處理方式，卻剝奪了她的學習機會。

所幸事情很快有了轉機，隔週一早上開車送孩子到學校時，筑筑大喊：「那是 108 班的老師！我要去跟他說餐碗的事，Bye～」眼看著她快腳奔向老師，雖然錯愕，卻也倍感欣慰，終究她還是克服了內心的障礙，自己解決了問題。

生活中本來就存在著各種大大小小的挑戰，筑筑的例子是低年級孩子所碰到的問題。而幼兒所碰到的問題，簡單一點，例

如像是「遊戲時的挫敗」，積木不管怎麼疊就是一直垮下來，如果小朋友索性扔了它們生氣大哭，身為家長的你會怎麼做？是直接幫孩子重新疊一個，抑或者是訓斥孩子「這麼愛生氣，玩具通通收起來，不要玩了」？

若希望孩子日後能有足夠的能力與自信獨當一面，問題解決能力絕對是不可或缺的。

所以當孩子正經歷遊戲挫敗時，不妨這麼引導：「好奇怪，為什麼會這樣呢？我們再疊一次試試，搞不好這次就會成功囉！如果積木又垮了，那我們就來看看、想想是什麼原因造成的。」

## 三個有效提問

有效的提問能幫助孩子察覺、思考、發想，進而做出決策並採取行動。

問題解決能力是能獨立思考以及結合多項策略以達最終目標的能力，它受到大腦神經成熟過程的影響，不同孩子有不同的能力狀態（如認知、身體動作、語言、情緒等），因此在解決所面臨的問題時，展現出來的方式以及層級也會有所不同。

　　當孩子遇到自己無法解決的問題時，除了直接給予建議或示範，不妨試試用以下 3 個提問來幫助孩子：

　　1. 察覺現況——怎麼了？發生什麼事了？

　　2. 思考原因——怎麼會這樣？

　　3. 發想策略——有沒有什麼解決方式？

　　相信只要在日常生活中，時常陪伴孩子做這樣的提問練習，定能鍛鍊孩子做出決策，進而採取行動。

## 漸進式放手

　　**在反覆練習與修正的過程中，孩子才能真正建立出完全屬於自己的問題解決資料庫。**

　　而 3-6 歲的孩子在目標與策略的轉換上尚未成熟且缺乏彈性，也就是說，這個階段的孩子在解決問題的過程中，可能會經常面臨挫敗，這都是很正常的，千萬別用自己的想法與經驗框住孩子，拚命下指導棋「你這樣做會……，直接……不就好

了嗎？」試著讓孩子練習思考不同的問題解決方法，如果這個方法不管用或沒有導向好的結果，那就表示需要修正，則再與孩子討論「是不是可能因為……，可以再想想有沒有其他方法……」**在反覆練習與修正的過程中，孩子才能真正建立出完全屬於自己的問題解決資料庫**，當日後面對日趨複雜的課業學習、人際相處、生活事務等問題時，資料庫越龐大越能從容應對，因此有智慧的父母一定會願意試著放手，給孩子機會與時間，而經驗能鍛鍊出孩子的靈活好腦袋。

## 情緒管理
### 隱形的學習絆腳石，逃避新事物、挫敗沮喪、輸不起……

情緒管理能力的好壞不只影響社交能力，對於課業以及學習的表現其實也有著高度的關係。父母的理解與支持是孩子累積情緒智能的源頭，才能支撐孩子願意挑戰困難、嘗試方法、持續努力。

## 負面情緒 VS 學習成效

新個案的第一次療育課程，往往突發狀況特別多，照慣例我會先設計一些遊戲來了解個案的能力，同時也建立友好關係。

有一回，來了新成員，她是一位可愛的四歲多小女孩，初次見面便在治療室裡掀起了一陣腥風血雨，原因是因為她在團體遊戲中玩輸了，既不甘心也不願接受，瞬間怒氣沖沖遷怒其他小朋友，一個冷不防，我也被她以玩具擊個正著。小女孩的父母會決定尋求治療師的協助，正是因為他們對孩子這樣的情緒

失控問題完全束手無策，甚至也擔心這將會影響到她的各方面學習。

### 負面情緒無法疏通將占用大腦資源！

他們的擔憂並非沒道理，也慶幸他們有這樣的憂患意識，情緒管理能力的好壞不只影響社交能力，對於課業以及學習的表現其實也有著高度的關係。當「我不要」、「我不會」、「這個好難」所產生的恐懼、憤怒、擔憂、焦慮等等的情緒與學習在大腦資源的競賽之中，如果情緒戰勝了學習，那麼學習效果就會變差。情緒管理能力與問題解決能力相輔相成，若孩子習慣逃避新事物、挫敗沮喪、輸不起……那麼，先培養情緒管理能力來啟動大腦中的獎賞系統，會有效許多。

## 啟動大腦中的獎賞系統

科學家發現腦內的化學傳導物質（例如：血清素、多巴胺、腎上腺素、褪黑激素、腦內啡……），和建立神經細胞迴路密切相關；有些傳導物質能活化或抑制神經細胞，有些則能促進腦內特定的生化反應，加快學習的速度，像是帶來快樂感覺的

神經傳導物質多巴胺，它是獎賞系統的重要角色，當我們積極做某事，「太棒了，總算想出來了！」「終於挑戰成功！」……這些感覺會讓腦中非常活躍地分泌出大量多巴胺，令人感到愉悅、欣喜，同時也讓達成目標那個行為的神經迴路連結得更緊。

### 支撐孩子挑戰困難、嘗試方法、持續努力，是很重要的！

姐姐筑筑是上小學一年級後才開始正式學習注音，起初她覺得很有趣，剛開學的那兩週，每天回家後都會興致勃勃的跟我們展現她在學校所學，但到了第三週，她發現班上有不少小朋友遠遠比她厲害許多，班導師也安排讓筑筑去參加學校每週兩次的元氣教學，這元氣教學其實就是大家比較熟知的補救教學。

我和太太可以明顯感受到筑筑那段期間情緒特別不穩定，尤其是寫回家作業時格外明顯，她非常不喜歡被挑出錯誤需要修正的感覺。我們很了解筑筑只是需要多點練習的時間與機會，「沒關係啊！你只是才剛學，只要多點練習，一定學得會。」「我們一起來想想看要怎麼練習。」……在那些日子，我們並沒有掀起課業大戰，筑筑與媽媽經常一起唸故事、練習用注音創作短句；沒有太久的時間，筑筑很驕傲地跟我們說：「我現在下課都不用特別去找老師訂正囉（錯誤），而且這次的注音闖關全數通過！」

父母的理解與支持真的是孩子累積情緒智能的源頭，良好的情緒管理能力，才能支撐孩子願意挑戰困難、嘗試方法、持續努力。

結論：

行為開始→經過嘗試錯誤終於成功→得到成就感和報酬→腦中分泌多巴胺傳遞開心、興奮情緒→固化達成該行為的神經迴路→增強嘗試的動機→再次做該行為。

第三章

邏輯思維的養成

# 3-6 歲的五大邏輯思維發展重點

## 記憶、排序、分類、空間、推理！

孩子邏輯思維的好壞，除了會影響其解決問題、抽象化思考、數字運算以及尋找事物的規律上的表現之外，對於其在團體合作的活動裡以及社交互動能力上，也都有直接的影響。

## 小時了了，大未必佳

邏輯能力是一種抽象的思考能力 ( 概念、判斷、推理的過程 )，也是日常生活中使用最多的一種能力，它涵蓋的領域很廣，像是計算、分類、分等、推論、假設、判斷因果關係等能力。擁有良好的邏輯能力的孩子，在解決問題、抽象化思考、數字運算以及尋找事物的規律上，甚至是在需要團體合作的活動中，都較能有相對出色的表現。

大量背誦與題目練習，恐讓孩子未來要花上更多的心力去突破學習關卡。

我身邊有不少這樣的例子，「小亦才幼兒園就會乘法囉！來來來，你背給爺爺奶奶聽。」媽媽呼喚正在一旁玩機器人的小亦，這個孩子倒也挺配合的，一開口便很快的將九九乘法表從頭到尾一個數字不差的唸出來……「二一二、二二四、二三六……」不僅如此，他還會背 26 個英文字母、注音符號、三字經、唐詩……這是小亦爸媽記憶中幼兒園時期那個學習力與記憶力都超好的兒子；如今上了小學三年級後，學習狀況卻節節敗退，各科目好像都面臨了難以突破的障礙，令爸媽百思不得其解。

其實，小學三年級開始，是學習歷程的一大轉折點，例如，在數學科目方面，不再只是單純的加減法，而是難度更高的運算，題目的理解、算式的應用，沒有好的邏輯思維，恐讓孩子要花上更多的心力去突破學習關卡。

## 邏輯概念的萌芽

你知道嗎？孩子邏輯思維好壞與否，也影響他未來的社交互動能力！

年紀較小的學齡前幼兒社交互動能力，受語言表達、情緒管理、先天氣質影響，但是當進入了學齡階段，邏輯思維好壞與否，其實也會逐漸影響孩子的社交互動能力，因為在學校難免遇到需要與同學分組競賽或分工合作完成任務的時候，但若經常無法掌握敘事的方法、做事雜亂無章、搞不清楚重點……同儕團體中的小朋友們雖然不是故意排擠，但卻很容易逐漸被邊緣化。像這樣因為邏輯思維能力不佳而造成社交互動困難的情況，非但不容易被師長察覺，也容易被誤解。

不過爸爸、媽媽們可能會好奇：「孩子大約幾歲開始會發展出邏輯概念？」

其實一歲過後的幼兒，就會開始發展出邏輯概念。不過你應該會相當納悶，這麼小的幼兒，真的會有邏輯思考能力嗎？例如，孩子知道聲光玩具按了按鍵後就會發出有趣的聲音，因此為了聽到聲音，他看到有按鍵的物品，就會伸出小指頭去按按看，看看是否會得到相同的結果，從反覆操作中得知，遙控器

的按鍵能開啟電器用品、玩具的按鍵能發出有趣的聲音⋯⋯原來不是每一個按鍵都有相同的功能，孩子們在進行各式各樣的生活觀察實驗而推理形成因果概念，這其實就是邏輯概念的萌芽。

## 告別單向輸入，讓孩子動動腦

3-6 歲的孩子在數與量、顏色、形狀、大小等認知部分漸漸累積了一定的資料庫，基本上已經不太需要再特別指導他們「這是什麼顏色？」「這是什麼形狀？」「哪一個大，哪一個小？」⋯⋯他們一定會覺得大人太小看我囉！逐漸增強的認知發展（可參考 Part2 附表一「3-6 歲的認知發展表」），已經能讓這個階段的孩子掌握簡單的數理邏輯概念，初嘗分析、推理、判斷及解決疑難的樂趣。

三歲以上是邏輯能力發展的爆發時期，求好心切的家長可能會急著想幫孩子「輸入」這樣的能力，也許是安排課程，也許是購買教材，但其實學齡前幼兒的邏輯能力大部分並不是「被教出來的」，最主要是「從生活中練出來的」；意思就是說，我們無法僅靠單向輸入的方式教會孩子邏輯思維，例如：讓孩

子收拾自己的玩具，練習想想怎麼將玩具做分類？如何將玩具收得又快又整齊？從一次又一次的玩具整理過程中，孩子會形成一套自己的經驗與邏輯；體積較大、重量較重的玩具可以放在櫃子的最下層，而體積較小、重量較輕的玩具可以收納在櫃子的上層，因為他們發現這麼做不僅方便歸位、也方便拿取；如果再更細心一點，還可以再依玩具的種類擺放，拼圖、玩偶、積木各有適合的位置，這就是從生活中練出來的邏輯力，對於需要仰賴大量操作經驗獲得學習的幼兒來說，這方法最直接也最有成效。

## 落實在生活中的邏輯思維培養

### 一、在購物中的數字感

1. 從商品定價中熟悉數字

　　當孩子問你「我可以買這一盒捲心酥嗎？」不妨順便趁機讓他們認識商品上的定價標籤，你可以反問他：「那這一盒要多少錢呢？」小朋友剛開始不熟悉，可能回答不太出來是很正常的，初期可以直接帶著孩子指認數字「這一盒要 49 元」；甚至還可以讓孩子練習數字大小的比較，「這一盒也是捲心酥，裡

面同樣也是有 15 個，只是品牌不同，它一盒是賣 40 元，你知道哪一盒比較貴嗎？」

## 2. 從商品選購認識數量與加減

我的兩個女兒特別喜歡吃奇異果……

「爸爸，我們可以順便買一些奇異果回家吃，你覺得要買幾顆呢？」

我告訴她們：「我們家四個人，一個人兩顆，你就拿這個量好了。」

於是她們的小腦袋瓜開始思索，用了最土法煉鋼的方式計算……「咦，每個人兩顆，那不就是要買 8 顆才夠嗎？」

此時，就可以順便傳授用 2 進位的概念：「每個人兩顆，所以妳們也可以用 2、4、6、8 的方法，很快就可以快算出總數了喔！」

 **小叮嚀：**

學齡前的加減運算以簡單的個位數為主，家長的階段性任務是建立概念以及數學運用的興趣。

## 二、在行程中的時間感

### 1. 時間的先後順序

從出生後的規律作息生活，幼兒已經能有約略的時間概念，例如，晚上要先洗完澡再上床睡覺。三歲以上的孩子可以建立更豐富的時間詞彙，像是禮拜一到禮拜天，以及昨天、今天、明天。爸爸、媽媽可以開始慢慢教孩子認識時鐘的用法。

「早上 8 點半要到學校，路上可能會遇到塞車，所以我們最晚 8 點一定要出門。」

在敘述的同時也要帶著孩子實際去認識時鐘，短針走到 8、長針在 12 時，就代表是 8 點；如果長針移動到 6 的位置，那就表示是 8 點半。為孩子準備數字大一點並且時針、分針、秒針都很明顯的時鐘，較能幫助他們學習辨識。

### 2. 時間的長短

小朋友很常這麼說：「我可以再玩一下下嗎？」只是這一下下到底是多久？是 1 分鐘、5 分鐘，還是其實是 1 小時？我們可以告訴孩子一個很明確的時間長度，「一下下」太模擬兩可，倒不如跟孩子具體的約定時間。

「那就再玩 5 分鐘吧！長針走一大格的時候就是 5 分鐘，現在長針在 1 位置，它移動到 2 的時候就是已經過了 5 分鐘，到時候就一定要遵守約定開始收玩具。」

3. 時間的分配

三歲以上的孩子多半已經進入幼兒園就讀，一般而言，幼兒園的放學時間從下午 4 點到 6 點都有，爸爸、媽媽將孩子從學校接回之後，為了避免小孩太晚睡，必須要掌握所有事情的快慢節奏。

「吃飯不能專心一點嗎？都過了這麼久了，還沒吃完！」「不要再玩了，趕快去洗澡！」「都幾點了，怎麼還沒睡！」……其實這個階段的孩子已經可以開始練習分配時間，與其我們大人不停催促，倒不如讓孩子學習分配時間，從中獲得基礎時間規劃的邏輯。

・引導 3-6 歲小朋友練習時間的分配

Step1. 事前溝通：

時間管理的重要性，可搭配相關的故事繪本。（例如：時間國王、慌慌張張的先生⋯⋯）

**Step2.** 列出事項清單：

與孩子討論放學後會做哪些事？哪些事情一定得完成？最喜歡做的事情是哪一項？

**Step3.** 訂出時間規則：

最晚 **10** 點要上床睡覺。

**Step4.** 分配可用時間：

例如，從 **6** 點回到家一直到 **10** 點，總共有 **4** 個小時的時間，有哪些事是「必須做的事」？有哪些是「想做的事」？每件事約需多少時間？先後順序如何安排？

第一件事情做完後，接下來應該做哪件事呢？由爸爸媽媽協助孩子先列出順序，再寫出時間。

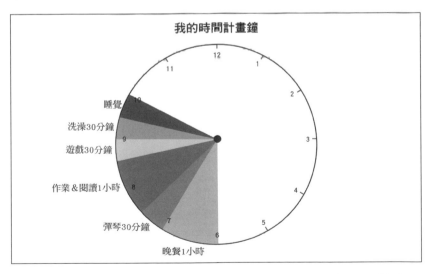

▲ 補充：此圖可以讓小朋友清楚了解，若拖拖拉拉未將「必須做的事」在約定好的時間內完成，則會影響「想做的事」的可用時間。

**小叮嚀：**

1. 一開始小朋友如果不清楚每個事項自己需要用掉多少時間，爸爸媽媽可以協助先做觀察再紀錄下來。後續做時間分配時，較能夠依據紀錄，製作出符合自身能力的時間表。

2. 學齡前的小朋友尚無足夠的識字量，事項清單可使用圖片輔助，日後在看自己的時間計劃表時，不需要仰賴大人的提示，也能看得懂。

3. 剛開始練習的初期，孩子需要爸爸、媽媽提醒幾次他們注意時鐘所顯示的時間，所以時鐘應擺放在醒目的位置，讓小朋友清楚可見。

4. 執行幾天之後，可與孩子討論成果；如果表現得很棒，請記得讚美，如果狀況不佳，就討論改善的方式。

## 三、在聊天中建立因果邏輯思維

許多家長都知道每天和孩子多聊聊天，不僅能培養親子感情，而且對於幼兒的語言發展很有幫助，但你可能不知道，其實透過有品質的親子聊天，豐富了談話內容，還能幫助孩子建立因果邏輯思維。

如何經營有品質的親子聊天？說實在話，這其實也沒有什麼太高深的技巧，爸爸媽媽只要打開你對孩子的好奇心就可以了，例如，有一天，四歲的小女兒芮芮跟我說：「爸爸，你知道嗎？我現在已經學會毛邊縫了喔！」

這時爸媽可能有兩種回答方式：

第一種回覆方式──「好厲害喔！」

第二種回覆方式──「聽起來好像很厲害，什麼是毛邊縫啊？你在那裡學的？」

這兩種回覆方式沒有對錯之分，但你認為哪一個更能激發出更多談話內容呢？無庸置疑的，當然是第二種回覆方式。

爸爸、媽媽可利用「時間」、「地點」、「人物」、「事件」、「為什麼」、「如何」這六個要素開始提問，就能大大的幫助孩子在聊天中建立因果邏輯思維。

　　讓我們再回到剛剛我小女兒告訴我她學會了毛邊縫這件事，我不會只有讚美「你好厲害」、「你好棒」，或是說「下次帶回來給我們看看」……而是像記者似的好奇的問女兒關於「毛邊縫」的事。

　　「聽起來好像很厲害，什麼是毛邊縫啊？你在那裡學的？」

　　「是誰教妳的呢？」

　　「為什麼老師會教妳這個？」

　　「毛邊縫要怎麼縫呢？」

　　爸爸、媽媽適當引導孩子將多個要素陳述出來，讓語句更加完整，如此可以鍛鍊出良好的因果邏輯思維，孩子也較容易掌握到敘事的方法。

讓益智遊戲成為全家的共同娛樂
**親子遊戲大集合！**
親子遊戲對於孩子的成長是相當重要同時有許多益處的！透過家長的引導與幫助，除了能和孩子有大量的言語交流，有助於兒童的語言發展，亦能增加孩子的安全感、認知力，奠定與他人間良好適應的基礎。

## 不需要任何道具的遊戲

### ▶ 遊戲一 . 左一拳，右一拳

玩法說明：

　　遊戲「左一拳，右一拳」可以算是剪刀、石頭、布，猜拳遊戲的進階版。三個玩家先各自雙手握緊拳頭，然後共同念出口令：「左一拳、右一拳、大家一起收一拳」，唸到相對應的手時，就伸出那隻手出拳，最後在「收一拳」的時候，就可以判斷出

誰獲勝。

例如：當唸完「左一拳、右一拳」時，發現大家當下出的拳只有剪刀跟石頭這兩種，如果你的左手是出剪刀，而右手是出石頭，那麼應該收回左手或右手比較有機會贏得勝利或至少是平手呢？懂得判斷情勢，就會知道當然是要收回左手啦！

遊戲小訣竅：

1. 最佳遊戲人數是 3 人，對於小朋友而言是比較容易判斷該收回左手拳或右手拳，才會勝率比較大。

2. 依照孩子的年齡搭配口令的速度，年齡越大，口令速度可以越快。

## ▶ 遊戲二．線索推理猜猜看

玩法說明：

1. 遊戲中分為兩個角色，分別是「出題者」與「解謎者」，擔任出題者的人必須先設定一項物品作為答案，當然他不能先透露這項物品究竟為何，但是他可以將這項物品的名稱總字數告訴解謎者；也就是說，字數是解謎者所

獲得的第一個線索。

2. 解謎者只能藉由向出題者提出對於這項物品的疑惑，一步步推理出解答，不過，不管解謎者提出任何問題，出題者僅能以「是」或「不是」來作為回答，因此每個問題的提問其實是需要經過設計，例如：「這個東西能吃嗎？」「是水果的一種嗎？」「它是黃色嗎的？」……大腦去運作排除、反推等程序，才能有效蒐集線索，進而推理出正確的答案。

遊戲小訣竅：

　　孩子若對於遊戲的規則與進行方式熟悉之後，可再進一步設定較為嚴格的規則來增加挑戰性與趣味性，例如：解謎者限問 3 題、限定時間內沒猜出正確答案就算輸、多位解謎者搶答。

## ▶ 遊戲三 . 可以、不可以

玩法說明：

1. 3 人以上較適合玩此遊戲，遊戲正式開始之前必須先制定好題目方向，例如以「場所」為題目。

2. 以猜拳來決定由誰來擔任首位場所指定者，他可以說「圖
書館」，下家就必須說出在圖書館可以做的三件事以及
不能做的三件事，例如：「圖書館可以借書」、「圖書
館不可以洗澡」……下家如果能順利回答完畢，便能
再指定另一個場所，讓下一位玩家回答，回答不完整或
速度過慢的人便必須被淘汰。

遊戲小訣竅：

　　若某位玩家所回答的內容，有人認為不太合理，便可立即提
出「不合理」的反對，但只要該玩家能提出合理的解釋，並獲
得大家的認同，即能順利通過；當有人提出異議時，玩家該如
何對於自己所提出的內容，進行說服，可就大大的考驗邏輯能
力了！

## 需要道具的遊戲

### ▶ 遊戲一. 圈圈叉叉（井字遊戲）

道具：

　　紙、筆。

**玩法說明：**

「圈圈叉叉」是許多大人熟悉的小遊戲，只要有兩個玩家就能進行。先於紙上劃出 3 乘 3 的九宮格，接著玩家決定好代表自己的符號（常見以「○」及「X」作為代表），輪流在九宮格中畫上自己的符號，最先以橫、直、斜連成一線則為勝。

**遊戲小訣竅：**

圈圈叉叉格遊戲其實很快就能結束一局，若觀察到孩子對於遊戲的技巧已相當成熟，可挑戰難度更高的玩法。

## ▶ 遊戲二. 王牌在哪裡

**所需道具：**

撲克牌。

**玩法說明：**

1. 出題者一位。

   玩家必須先決定誰是出題者，誰是猜題者。

   這位出題者負責從撲克牌牌堆中（需蓋牌，將數字花色那一面朝下）挑出 5 張牌，接著在這 5 張牌中，挑出其

中一張牌當作王牌，並出示給大家看這張王牌的數字，這張王牌就是待會猜題者要找出的牌；接下來出題者將這 5 張牌收回，依照數字大小排列（可從左到右或右到左，但必須讓負責找牌的人知道排列邏輯），並全部蓋住，出題的步驟完成之後，就可以請猜題者來猜。

2. 猜題者一位以上

猜題者負責翻牌將王牌找出，若猜題者只有一位，那麼請嘗試以最少的翻牌次數找出剛剛被挑中的那張牌；若猜題者有多位，則先猜中的就是贏家。

遊戲小訣竅：

1. 撲克牌不一定只能挑出 5 張，亦可依小朋友的程度來增減，基本上牌的數量越多，難度越高；另外因為撲克牌的花色有四種，可選一種花色進行此遊戲，避免小朋友因花色不同但數字相同而產生混淆。

2. 猜題者有多位時，可以以猜拳的方式決定先後順序，以示公平。

## ▶ 遊戲三．數字密碼

**所需道具：**

　　紙、筆。

**玩法說明：**

1. 3 人以上較適合玩此遊戲，指定其中一位玩家當莊家，在紙上寫下數字做為密碼，這數字必須保密，不能讓其他參與遊戲者得知。

2. 密碼設定完成後，其他玩家可以輪流猜測數字，每猜一個數，莊家就要告知遊戲者該數字是大於或小於密碼，直至密碼被猜中。例如：範圍是 1 ～ 100，終極密碼為 46，兩個人玩，猜中的贏。甲猜 83，範圍變 1 ～ 83；乙猜 24，範圍變 24 ～ 83；甲猜 35，範圍變 35 ～ 83；乙猜 67，範圍變 35 ～ 67；甲猜 52，範圍變 35 ～ 52；乙猜 46，乙獲勝。

**遊戲小訣竅：**

　　終極密碼的數字範圍設定，應視小朋友的能力而定，我會建議 3-4 歲的小朋友，密碼的範圍訂在 1-30 這個區間、4-5 歲是 1-50、而五歲以上是 1-100。

**小叮嚀：**

除了以上這些小遊戲，這個時期也可以多給予可讓孩子練習抽象思考邏輯能力的認知類玩具，透過遊戲來玩記憶、玩分類、玩排序、玩空間關係，市面上有不少這類型的玩具，爸爸媽媽們可以儘量幫小朋友們挑選不同類型，並且具有一點小挑戰的益智玩具；但請記得，無論是多厲害、多高級的玩具，一開始我們還是要陪著孩子一起玩，親子一起動動腦，享受遊戲樂趣的本質，千萬別把訓練邏輯當成目的，再好玩的玩具可能也會讓孩子想敬而遠之。

## ▶ 遊戲四 . 過耳不忘

所需道具：

紙、筆。

玩法說明：

這個遊戲能夠一對一挑戰，也能多人競賽。

出題者需先在紙上祕密寫下 20 個名詞，不能被答題者瞧見，而這 20 個名詞可以是物品名稱或動物名稱，可以重複或不重複

出現，完成題目之後，就可以開始進行聽覺記憶挑戰。如何有效記憶、如何正確分類，將會是這個遊戲的兩大挑戰關鍵。

範例：

　　請小朋友猜猜有幾種是在學校會用到的物品（出題者依序唸出題目中所有的名詞）。

---

書包、巧克力、麵包、鉛筆、拖鞋、海豚、小狗、色紙、棉被、小鳥、掃把、蠟筆、時鐘、饅頭、蝸牛、鮮奶、剪刀、膠帶、玉米、香蕉。

---

遊戲小訣竅：

1. 一對一的方式進行，則可請答題者在聽完題目之後直接說出數量，答錯者可以以彈耳朵這類較趣味的方式處罰。

2. 若是多人競賽的方式進行，則可請答題者們先寫下答案在自己的紙上，最後再一起出示答案，看看有哪些人答對；或是以搶答速度，答對而且速度最快的人就勝出。

## ▶ 遊戲五 . 推理王

**所需道具：**

　　紙、筆。

**玩法說明：**

　　推理王是一個考驗小朋友觀察力以及推理能力的遊戲，為了提高小朋友玩這個遊戲的興趣，我們可以加點故事情境。

　　例如：國王的儲藏室裡擺放了很多寶藏，他怕有人偷偷溜進這間儲藏室，於是在門上安裝了超級厲害的防盜電子鎖，並設定一組以數字以及英文為組合的密碼，這組密碼必須有 9 個字，日後想開啟那道門，就必須在電子鎖上按下正確的密碼才打得開。不過這個國王實在是迷糊，過了一個禮拜後，他居然忘記自己所設定的密碼是多少，還好國王所設定密碼是有規律性的，而且這個電子密碼鎖會自動提示前幾個字，你可以幫幫國王解開這個密碼嗎？

| A | B | A | A | B | A | | | |
|---|---|---|---|---|---|---|---|---|

| 1 | 2 | A | 1 | 2 | | | | |
|---|---|---|---|---|---|---|---|---|

## 遊戲小訣竅

1. 除了用數字或字母來設計題目，還可以透過不同形狀、顏色的排列來增加遊戲的豐富度，例如，像雪花片或樂高這類的玩具，就是很好的素材。

2. 排列的複雜度可依據小朋友的能力作調整。

3. 大班的孩子可以嘗試自己來設計題目。

# 玩玩具鍛鍊
# 邏輯思維

你相信嗎？陪孩子玩玩具好處多多；學習與遊戲，不僅可以並存，還能開創孩子的創意思維，讓孩子愈玩愈聰明哦！

## 引導孩子做不同的嘗試

通常小朋友在玩具選擇上，會依自己過去的經驗以及偏好來做為標準，所以當我們帶著孩子去選購玩具時，你會發現孩子總是挑選類似的玩具。

家長：「家裡不是有好幾組扮家家酒玩具了嗎？」

小孩：「可是家裡的那些沒有這個圖案啊！」

如果孩子的遊戲經驗很受限，其實是相當可惜的一件事。這時候，爸爸、媽媽們可以主動幫孩子挑選不同類型的玩具，並

鼓勵他們嘗試以及挑戰。

 **小叮嚀：**

　　有些小朋友可能對於要動動腦的玩具，因為沒有把握或掌握不到訣竅，一開始會產生排斥感，如果一直強迫孩子玩，就失去了遊戲的本質，爸爸媽媽可以在初期邀請孩子擔任小助理，引導孩子幫忙發玩具、想戰略，慢慢的因為多了熟悉度，也累積了一點小經驗，孩子的參與度就能大大提升。

# ◆ 常見且適合全家大小一起玩的益智類玩具

## 玩具名稱

跳棋

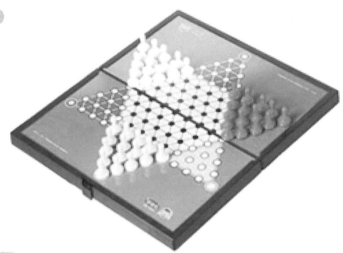

五子棋

象棋

拉密

# 第四章
# 語言理解及表達的養成

# 不只是會說話，更要言之有物

「孩子能夠理解他人所說，且能準確表達自己所想的嗎？」這是家長最容易忽略的事。對孩子說話的方式一定要隨年齡升級，多與孩子聊聊有主題、有內容、有結構的話題，方不致影響孩子的人際發展。

## 孩子飛快發展的表達力

「爸爸，你喜歡住什麼樣的房子呢？你喜歡豪宅嗎？」

那天我開著車，坐在後座的筑筑看著車窗外的街景，突然跟我聊起了房子的話題。

「當然喜歡啊，不過豪宅需要好幾千萬才買得到喔！」

沒想到我這麼回應她之後，她很誠懇的告訴我：「沒關係，

我現在都有在存錢，之後我就可以買給你跟媽媽一間。」

不知道未來孩子還能不能說出這麼感人肺腑的話。

孩子進入了三歲後，語言能力正以飛快的速度增長，他們所經歷過的、所見識過的，隨時都可能會從大腦的資料庫中提取出來，而轉化成驚人之語，如果沒準備一本小冊子來紀錄孩子們的經典語錄，實在有點可惜。

我知道有些家長經常會在幫孩子選幼兒園的時候陷入了「該不該讀全美班或先學好中文」的抉擇難題，但其實不管是希望孩子提早學習英文或先把中文的注音學好都沒關係，比較令人擔心的是孩子在 3-6 歲這個階段，沒有真正建構出良好的語言理解力以及表達力，「我的孩子能夠理解他人所說、準確表達自己所想嗎？」這是在 3-6 歲時期的家長最容易忽略的事。

## 對孩子說話的方式隨年齡升級

瑋瑋是我多年前曾經接觸過的一個孩子，記得當時他是快四歲的年紀，長的高高壯壯、白白淨淨。之所以對他印象深刻，有一部分的原因是他是少數較不調皮的小男孩，相當聽話也不

鬧事，不過卻不太能夠跟其他同齡的小朋友好好的玩在一塊兒，下了課之後就乖乖跟媽媽回家。一開始，媽媽跟我談過她帶瑋瑋來上課的原因，既不是因為專注力不佳或學習跟不上，也不是因為深受情緒行為問題困擾，而是因為她發現瑋瑋不太會交朋友，就算帶他去很多小朋友的地方，最後他都是默默自己一個人獨自遊戲。

「我知道瑋瑋他其實是很喜歡跟小朋友一起玩的，但他似乎無法融入同儕……」瑋瑋媽訴說著她的擔憂。

「為了幫助瑋瑋突破他在人際互動上的瓶頸，初期我會先花一點時間跟瑋瑋建立關係並做觀察，了解可能的原因。」我這麼告訴瑋瑋媽媽。

其實要針對小朋友的狀況抽絲剝繭找出問題的根源，有時候並不是件容易的事。不過我在跟瑋瑋的第二次課程相處中，就發現了一個很特別的情況：這個已經即將四歲的小男孩，說話的語句結構都相當簡單且簡短，再對應到他與父母相處的情況，我很快就發現，為什麼瑋瑋不太能夠與同儕玩得很好的最大原因之一了。

全職照顧小孩的瑋瑋媽，是個非常認真的母親，她擔心太早

讓小孩進入幼兒園就讀會很容易生病，於是計畫讓瑋瑋到大班的年紀再去上學，在這之前由她自己教瑋瑋；另外也安排了一些其他課程，像是積木課、英文課、體能課。在照顧的部分，瑋瑋媽更是一點也不馬虎……

「瑋瑋，會熱熱嗎？我有準備毛巾可以把汗擦擦。」

「會不會渴渴？喝點水吧！」

「今天的課好玩嗎？」……

她將瑋瑋的事一切張羅的很好，「要」、「不要」、「好玩」、「不好玩」……這些簡短的回應，就是瑋瑋最常說的話；再加上瑋瑋不太有跟同儕長時間互動的機會，於是完整說一句話、甚至是一段話，對他而言並不是必須的能力。如果無法好好說話，對於已經脫離平行式遊戲的三歲以上孩子而言，其實是玩不太起來的。阻礙瑋瑋人際互動的原因，我想已經是呼之欲出。

對孩子說話的方式一定要隨年齡升級，脫離了寶寶時期，我們就別再使用寶寶語跟孩子互動，3-6 歲早已非牙牙學語階段，不能只停留接收重複、簡短的詞語，我們一定要多與孩子聊聊有主題、有內容，有結構的話題。

# 重視孩子的話語權

讓孩子正確、清楚地學會表達，是父母們很重要的課題，如何用對方法做出正確有效的引導，收到事半功倍的成效，在平常生活裡就可以不斷嘗試學習喔！

## 管教勿因小失大

我們家筑筑與芮芮一個七歲一個五歲，正值愛告狀的年齡階段。有一回芮芮又委屈又氣的跑去找媽媽投訴……

「姐姐把最後一塊餅乾吃掉了，她都沒有留給我，嗚嗚～～」

當時我在一旁，聽到媽媽以極其淡定的口氣回答：「是喔！如果妳對姐姐把餅乾吃掉這件事覺得很生氣，為什麼是跑來跟我說，而不是直接跟姊姊說呢？餅乾不是我吃掉的啊！」

聽到媽媽這樣說，芮芮轉而找姊姊「理論」去了。

「姐姐，為什麼妳把最後一塊餅乾吃掉了？我也想要吃啊，妳也沒先問我還要不要吃。」

姊姊回答芮芮：「因為妳剛剛已經吃了很多，所以我才把最後一個吃掉啊！而且……」

姊妹倆妳一言我一句的，為了那最後一片餅乾爭論著。面對這樣的場面，我想能受得了的家長應該算是極為少數，通常為了快速解決眼下的問題，多半應該會選擇立即拉高嗓音喝止：「這有什麼好吵的，妳去跟妹妹道歉！」或是轉移話題來息事寧人，「好好好，不要哭，我們再去買一包就好啦！」遇到類似的情況，我真的很鼓勵爸爸媽媽們把主場交還給孩子們，不是放任不管，而是讓孩子去練習溝通、分享、討論，甚至說服以及影響別人。

三歲以後的孩子其語言已發展至能完整地說一句話或敘述一段話的程度（3-6 歲的語言發展概況，可參考下一頁「附表」），此時也是鼓勵他們「表達自我並且學習傾聽理解他人」的黃金時期，若為了管教方便，卻剝奪了孩子的話語權，其實是相當可惜的。

## ◈ 附表：3-6 歲的語言發展概況

| 階段 | 語言能力 |
|---|---|
| 3-4 歲 | 1. 開始明白時間的意義。會用許多與時間有關的字彙來表達；會談論過去及未來的事。<br><br>2. 聽得懂多步驟的指令（例如，先把玩具收拾好，再去把手洗乾淨才能吃點心……）。<br><br>3. 用語言來表達情感（例如，「我不希望」或「他很高興」）。<br><br>4. 使用連續 5 個字或更多字的句子。<br><br>5. 有很多話要說，但可能有斷斷續續的講話，或重複的話。<br><br>6. 能與不同的人交談不同的事情。<br><br>7. 非常喜歡問問題，且比 2-3 歲時問問題的方式更加深入；也會從別人的回答中，提出更多的問題。<br><br>8. 遊戲時會進行角色扮演和創造情節。 |

| | |
|---|---|
| 4-6 歲 | 1. 日常對話大致沒有問題，能說出合乎語法的句子。 |
| | 2. 發音清晰且咬字清楚。 |
| | 3. 可用完整的句子描述圖片，或描述發生在自己身上的事。 |
| | 4. 說話流暢，不太會有重複、結巴的情形發生。 |
| | 5. 能重述故事，更有連貫性和次序感，並能說出自己的經驗。 |
| | 6. 能精確的描述出過去事件的細節，也能自己編故事。 |

# 讓孩子擁有極佳表達力的三種功力

活潑外放的孩子跟內向沉穩的孩子，你會不會認為活潑外放的孩子表達能力一定比內向沉穩的孩子好？這點可能要顛覆大家的推論，因為表達力指的是「能完整且正確運用語言或文字來表達事件、感受、想法的能力」，話多到不行的人未必有不錯的表達力。我就曾遇過不少平常嘰嘰喳喳的小朋友，負面情緒來襲時，說不清自己的感受只好哭鬧以對；輪到他說話發表時，言不及義也不知所云。所以**「會講話」跟「懂得如何表達」其實是兩回事。**

為了讓孩子正確、清楚地學會表達，我平常會刻意讓孩子練三種功力：

## 1. 清楚闡述的功力

・成為好奇心旺盛的父母

我太太很重視跟家人的用餐時間，不管是在家吃飯或外食，不能為了讓孩子乖乖坐好吃飯而用手機或平板來吸引小孩的注意力，她認為吃飯不僅只是為了填飽肚子，在餐桌上有著跟家人與食物的連結，用餐時光應該是要被重視的。尤其在大人忙

了一整天的工作、小孩上了一整天的課之後，在吃飯時間該跟孩子聊聊他們的一天……

「聽說你們班今天去操場看小學的哥哥姐姐跑接力賽，接力賽是什麼啊？看起來好玩嗎？」

當然我知道什麼是接力賽，不過以好奇的口吻來跟孩子聊天，總能開啟他們的話夾子，因為能夠說出一些爸爸媽媽「不知道」的事，對幼兒來說是能帶來不少成就感的，這也促使他們樂意說得更多、更完整。另外，除了餐桌上的聊天時光，其實睡前、開車時、散步時，也都是很適合的時間。

・忍住不當孩子肚子裡的蛔蟲

有一次芮芮來找我求助：「爸爸，你可以幫我用這個嗎？」我一看，原來是繩子把玩具纏住了，她那急躁的性子怎麼樣也解不開。

我沒有立即為她解決眼前所碰到的麻煩，而是問她：「要用什麼東西？這個玩具怎麼了嗎？」

芮芮很心急地說：「我解不開玩具上的這些線，怎麼弄都沒辦法，爸爸，你可以幫我解開嗎？」

　　我這麼做可不是要故意刁難芮芮，而是希望芮芮能好好把話說清楚，自己的孩子當然一定自己最懂，孩子的一個小動作，甚至是一個表情，你一定會知道他想幹嘛；有些與小孩之間有超強心電感應的家長，甚至看孩子抓褲子的動作就知道孩子想上廁所了，不用等到小孩開口「我想上廁所，你可以帶我去嗎？」立刻就會被帶到馬桶那裡。但家長必需要知道，若是孩子因為不太需要開口說話就有人懂，那麼孩子就真的不太需要練習好好把話說清楚了。所以若希望孩子有良好的表達能力，身為家長，千萬要忍住不當孩子肚子裡的蛔蟲。

## 2. 討價還價的功力

　　我不太會反對小孩跟我討價還價，當然前提是要合情合理並且懂得尊重。

　　「我們待會可以到圖書館附近吃晚餐嗎？」

　　對於筑筑提出的請求，我跟太太覺得有些為難，也不太有這個意願，所以就以「明天還要上班上課不能太晚回家」為由，委婉拒絕了這個提議。女兒們非常失望，但仍不放棄到圖書館附近吃晚餐的念頭。

　　我問她們「這麼想到那邊吃飯是有什麼原因嗎？是有什麼好處嗎？其實我們在家附近吃飯也行啊！」當我拋出這個問題時，姊妹倆開始你一言我一語提出試圖說服爸媽的理由。

　　「很久沒去圖書館附近那家火鍋店了，我們不是還有折價券嗎？」姐姐想起了折價券的優惠。

　　「而且，我們吃完飯之後還可以散步回家，今天的天氣很適合喔！」妹妹則在一旁繼續幫腔的說。

　　討價還價是一門說話的藝術，成功的討價還價是從自身的利益出發，並同時可以將另一方的利益產生連結的有效溝通，如果孩子有這樣的能力，我們實在不太需要完全禁止他們討價還價的行為，真的只要合情合理並且懂得尊重，那也無妨。

## 3. 解決紛爭的功力

　　在家裡最常聽到小孩們之間的對話，大概不出這些：「媽媽，弟弟打我啦」、「是哥哥先的」、「你很奇怪ㄟ，每次都要先搶」、「我也想玩這個啊」……就連在學校，孩子們的紛爭也從未間斷，明明上一秒鐘還好端端的玩得很開心，下一秒就變臉鬧翻。

　　面對小孩間的糾紛，我們一定要當個聰明的父母，絕不輕易跳出來當仲裁者，一來，我們不一定看到整個事件的來龍去脈；二來，判定誰是誰非，終究會有人覺得偏袒不公，不如我們就讓孩子們自己來解決所發生的紛爭，處理不了就無法繼續一起玩或是得暫停某件事，所以解決問題就成了他們的共同目標，唯有好好解決，對雙方才有好處。

## 扮演引導者的角色

　　當孩子遇到紛爭或問題時，放手讓孩子們自己解決問題是所有父母都必需學習的課題。不過在一開始時，礙於孩子經驗的不足，他們可能無法自己好好處理，尤其是對三歲這個年齡來說，是稍有一點難度的，大人在一旁的引導，仍不免是必須，但幾次下來，這個引導的角色就可以慢慢卸下。

　　我自己在初期扮演引導角色時，大致可以分成兩個步驟：

・步驟一：聽聽事件的相關當事人怎麼說

　　「剛剛發生什麼事？誰要先說呢？」接著再詢問另一個當事人：「是這樣子嗎？你也說說看……」

我們聆聽的目的並非要把重點放在評斷是非，而是讓孩子透過陳述來察覺情緒、轉換情緒。每個人都有表述的機會，可以是描述當時狀況、可以是為自己解釋，也可以是述說自己的感受。

・步驟二：提供建議方案引導達成共識

不管孩子是各說各話，或是所說的具一致性，都要再拉回現況「那現在該怎麼辦？還要繼續玩嗎？」「有辦法可以解決嗎？」礙於經驗值不足，解決方式大概就是若無其事繼續玩，但很快的又會紛爭再起……這個時期的孩子們有時仍仰賴大人的建議方案，來累積自己的智慧。因此我們可得花點時間與多點耐心，擔任孩子的問題解決顧問。你可以試試猜拳的方式來決定先後順序，或是你可以說「我擔心你會把這個東西弄壞，不然先玩其他東西好嗎？」……累積了一些經驗之後，就可以放手讓孩子自己去協商、談判、溝通。

# 語言理解與表達 UP!UP!
## 親子活動與遊戲大集合！

平時藉由一些有趣好玩的方法或遊戲來加強訓練孩子的語感和表達能力，除了能夠不斷地自然累積、進階其能力之外，還能讓孩子樂在其中，快樂學習。

## 語感累積

小朋友幾乎都愛聽故事，從故事中培養孩子的語感，是一個不讓孩子覺得有壓力，而且能自然而然地讓孩子累積語感能力的方法，非常適合也容易地落實在孩子的日常生活作息裡。

讓孩子接觸故事有三種管道及方式：

### 1. 親子共讀：

3-6 歲的親子共讀與三歲以前的階段，還是會有所不同的。

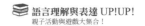

## ◆ 3-6 歲孩子的發展特徵與親子共讀的選材、方式

| 發展特徵 | 適齡的閱讀材料 | 親子共讀小撇步 |
|---|---|---|
| · 模仿力強<br>· 想像力豐富<br>· 具備簡單的邏輯<br>· 推理能力<br>· 語言表達流利 | · 情節幽默趣味的圖書<br>· 探討心理情緒的圖書<br>· 擴展經驗的生活故事<br>· 描述親情和友情的故事<br>· 知識性圖畫書 | · 引導孩子認識文字和字音的對應關係<br>· 和孩子討論故事內容時,父母可分享自己的經驗和想法,拓展孩子的認知思維<br>· 鼓勵孩子講故事給家人聽 |

▲ (資料來源:國立台灣圖書館 閱讀從 0 歲開始－父母手冊)

## 2. 聽線上故事或參與說故事活動

　　除了以親子共讀的方式讓孩子接觸故事裡的內容,以聽線上故事及參與說故事活動的形式,也相當不錯。

　　在筑筑與芮芮比較小的時候,有聽線上故事的習慣,拜科技之賜,有許多 app 以及網站都收錄了豐富多元且適合兒童收聽

的故事，像是世界童話故事、成語故事、中國經典神話故事、近代童話故事等等。通常我們在接送孩子上下學時，就會在車上播放給她們聽；有時則是在睡前，由於只是單純的聆聽故事，沒有畫面，孩子就可以運用自己的想像力去想像故事中的畫面以及人物的模樣，想要多精彩就有多精彩。

## ◈ 線上聽故事資源推薦

| ▶ app | |
| --- | --- |
| 親子天下有聲故事書 | 有成語故事、神話傳說、伊索寓言、字的童話……豐富的音效，讓每則故事聽來生動有趣，對於年齡層較小的小朋友，接受度是比較大的。 |
| **▶ 線上廣播** | |
| IC 之音廣播電台《晚安‧月亮床邊故事》節目 | 將許多經典故事做了顛覆性的改編，故事的內容與 STEAM 的元素巧妙做了結合，非常能夠引發小朋友思考；不過要 5 歲以上的小朋友會比較適合收聽。 |

▶ **Podcasts**

| | |
|---|---|
| 強哥説故事 | 「強哥説故事」是由致力推動兒童表演藝術的「如果兒童劇團」團長趙自強所主持的故事型節目，超專業的製作團隊將許多經典故事精彩重現，小朋友很容易聽著聽著就學會了不少成語與詞彙。 |

## 3. 看戲劇表演

　　如果一個作品同時推出動畫電影版以及舞台劇版，那麼舞台劇版會是我帶孩子去觀賞的首選。為兒童而設計的舞台劇，會有豐富的色彩、充滿童趣的音樂、極具張力的對話，與動畫電影相較，它的劇情節奏慢，互動性也較高，對於學齡前的小朋友較能夠有充裕的時間去吸收劇裡的內容、角色的台詞，甚至是思考劇情中所遇到的問題，這對於語感的累積是相當有幫助的。

　　除了一般的戲劇演出方式，兒童戲劇還有更多元的表現方式，例如：歌舞劇、偶劇、音樂劇等，可以透過以下四大管道找兒童劇表演。

| | |
|---|---|
| 售票與活動資訊網 | 國內目前兩大主要售票系統：「年代售票」與「兩廳院售票」，當中有親子分類，可以找到相當多的演出資訊。 |
| 文化部全國藝文活動資訊網 | 可以依縣市、辦理單位、活動型態查詢，是一個資訊相當完整的藝文活動網站。 |
| 各縣市兒童藝術節 | 戲劇表演屬於藝術的一環，因此可以定期關注各縣市的兒童藝術節，在各主辦單位的網站就能輕鬆查詢節目表。<br>各縣市的兒童藝術節舉辦時間：<br>兒童節四月－台中；暑假七、八月－台北、新北、桃園、高雄。 |
| 兒童劇場 | 國內專門為兒童設計的劇場並不多，台北市政府的親子劇場、文山劇場和兒童新樂園內的劇場都屬於兒童劇場，經由劇場的官網也可以搜尋到於該劇場演出的節目場次。 |

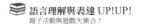

# 表達輸出

當孩子的語感累積到一定的程度，如何透過有效的練習，將所要說的話語能完整表達，提供以下幾個方法供爸媽們參考：

## 1. 玩扮家家酒

「扮家家酒」是許多人的兒時回憶，這個不受限於人數、空間、場地、玩具的遊戲方式，可以是醫生看病的情境、媽媽烹飪的情境、老闆販售商品的情境等等，這個遊戲不僅僅只是讓小朋友玩玩角色扮演這麼簡單而已，對於小朋友的認知發展、語言發展、社交互動發展都是相當有幫助的！

在扮家家酒遊戲中，玩具不一定是必須，家裡的瓶瓶罐罐、紙箱、用不到的手機等等，都是很不錯的素材。遊戲的重點在於對話互動，再高級的扮家家酒玩具組，獨自一個人玩，也比不過就地取材、大家一起玩，來得精采有趣。

## ◈ 不同年齡層玩扮家家酒遊戲會有不同的語言能力表現

### • 1歲半至2歲

簡單的假裝動作加上簡短語言表達。

例如：模仿大人將電話靠在耳邊「喂喂～」的講電話模樣。

### • 2歲至3歲

模仿的人事物更加多元且更加豐富，並能搭配完整句子表達。

例如：「我在煮魚」，學媽媽做飯給家人吃。

### • 3歲至4歲

使用的句子更加成熟。

例如：我騎車載你一起去玩，要坐好喔！

### · 4歲以上

為遊戲加入時間、地點、順序，發展出具邏輯性的語言表達能力。

例如：我要先出去超市買東西，你在家裡等我一下，我很快就會回來。

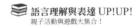 
## 2. 詞語接龍

　　詞語接龍幾乎是隨時隨地都可以玩的遊戲，搭車時、排隊時、洗澡時……有太多適合玩這個遊戲的時候，有一段時間它還成了我們家的熱門親子遊戲。玩法相當簡單，最少兩個人就可以玩，可以是兩個字的詞語接龍，也可以是難度較高的三個字接龍；我們習慣以猜拳決定先後順序，由贏的人先開始說出第一個詞語，第一個詞語的字尾則成為下一位玩家詞語的字首，例如：下雨→雨天→天氣……依此類推。

**小叮嚀：**

　　跟幼兒玩這個遊戲我不會特別規定字一定要相同，在沒有一定識字量的情況下，基本上只要是同音就行了。

### 3. 說故事

　　每隔一段時間，我們就會將家中的童書櫃整理一番，除了視情況添購新的書，舊書的部分我們會選擇一部份拿去送人，有些書則會繼續留著。繼續留著的書大概就是筑筑與芮芮特別喜歡的，因為對於內容已經相當熟悉，所以可以鼓勵由她們來說故事。忠實的聽眾當然就是非爸爸、媽媽莫屬了，興致一來，姊妹倆會邀請我們到觀眾席（客廳沙發）就坐，她們則輪流在舞台區（矮櫃前的小空間）說故事。如果你們家沒有適合的舞台區也沒關係，每個家庭都可以營造自己獨特的說故事風格與樂趣，趁著孩子還小，鼓勵他們開口說故事的成功機率也就越高。

# 想像創造的養成

# 孩子的創造力是需要被呵護的

面對現在不存在的「未來工作」，創造力不可或缺，創造新工作、以創意解決問題、用創新的方法做事情……這些都需要創造力。

## 欣賞孩子的創意

我很少跟家長談到小朋友的想像力與創造力這方面的話題，還記得好幾年前，有一回太太發現家裡的客廳地上散落了一大堆玩具，有整齊控的她忍不住高喊：「為什麼把玩具亂丟在地上？請你們把玩具通通收好！」

就在怒火即將達燃點時，姊姊筑筑說：「我們在賣東西，有吃的也有用的，可以玩完再收嗎？」

的確，仔細一瞧，這些被擺放在地上的東西，還真的很像被

陳列待販售的商品，有那麼一點邏輯性，旁邊還擺放兩張小椅子，好讓身為老闆的她們，可以坐著輕鬆叫賣！姊妹倆差點就被我們給誤會了。

　　也許是因為生活的緊湊步調，也許是因為大人的掌控慾，我們很少靜下來欣賞孩子的創意之舉，甚至也不太允許，畢竟那些創意之舉，有時可能會令我們招架不住。我們這一代的父母，是聯考世代下長大的孩子，在填鴨教育中成長，習慣了一個問題對應一個標準答案。不過不管是人生道路上或工作上，可沒有什麼唯一標準答案，也許是需要創造一個嶄新的工作，或是

以創意解決問題、用創新的方法做事情……這些都需要想像力與創造力，但很可惜的是，這樣的能力並不是這麼被重視。

## 發散性思考

芮芮的幼兒園某學期的學習主題是「大家來運動」！學期初的親師座談會得知要進行這個主題時，老實說，一開始我還真的挺納悶的：全園的老師們為什麼會訂一個不是很好發揮的主題課？運動這件事對幼兒園的小朋友而言，要討論一整個學期，而且還要延伸出不同的相關學習活動，這未免太強人所難。

隨著學期即將進入尾聲，證明是我想太多了。小朋友們從眾多的運動項目之中，投票挑選出「跑步」來做為最主要的探討主題，過程中老師還找來田徑選手跟小朋友們分享經驗談，有小朋友提問：「要右腳先跑還是左腳先跑，才可以跑得快？」「為什麼一定要跑得很快？慢慢跑不行嗎？」……不僅如此，小朋友們還可以藉由拍攝跑步的影片，來觀察每個人不同的跑步姿態、測試不同的跑步姿勢對於速度的影響，甚至連大隊接力都能引發他們的討論。後來小朋友們覺得大隊接力所使用的接力棒太長也大支了，實在不好握，經常跑到一半就會掉棒，後來

有部分孩子提出使用長型的 Kapla 積木來取代一般的接力棒的想法，果真這個替代方案順利解決了問題。想想，如果是大人們直接告訴孩子「多練習幾次就好啦！」小朋友們就少了思考，也就沒有創新的方法。

　　根據研究，98％的 3-5 歲幼童具備創造力必要的發散性思考能力，進小學後，到中年級時，比率降到 32％；到了高年級，剩下 10%；到了 25 歲時，只剩 2% 的人還有這種能力，我們怎能不好好呵護孩子的創造力呢？

 **補充說明：**

　　「發散性思考」是讓思考呈現出「擴散狀態」的一種思維模式，面對同一個問題時，可進行重新組織並延伸出多種解決方法的思考能力。

# 創造力的多重面向

創造力其實表現在生活的各個面向，填鴨式學習、乖乖聽從大人的指令、一成不變的生活作息、不允許孩子犯錯等等，都容易扼殺了孩子的創造力。

## 創造力能夠培養嗎？

一談到要「培養孩子的創造力」，多數人恐怕會想：「我自己都沒什麼創造力了，又該如何教孩子？是不是應該送小孩去學美術呢？」

的確，藉由「創作」來激發孩子的想像力跟創造力，美術的創作會運用到這個能力！不過創造力其實會表現在生活的各個面向，不僅僅只是在藝術方面，例如，對 **3-6** 歲這個年齡階段的小朋友而言，讓玩具有了不同的玩法、編造了新的故事內容、想出一個方法解決問題等等，都是創造力的表現。創造力是由先天與後天交互影響，只要大腦累積足夠的認知能力，自然而

然都能展現出來,只是每個人有所差異罷了!相對的,填鴨式學習、乖乖聽從大人的指令、一成不變的生活作息、不允許孩子犯錯,反而容易扼殺了孩子的創造力。

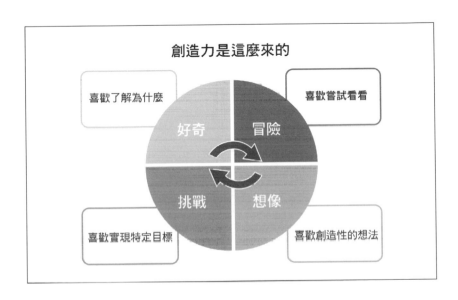

創造力是這麼來的

喜歡了解為什麼　好奇　冒險　喜歡嘗試看看

挑戰　想像

喜歡實現特定目標　喜歡創造性的想法

## 成為孩子的伯樂

我想近代的傳奇人物大概非賈伯斯莫屬了,智慧型手機的誕生與普及,幾乎與他的名字畫上了等號。過去的手機主要用途是聯絡,頂多內建一點像是「貪食蛇」之類的小遊戲,增添樂趣。但現在的手機,顛覆了人類過去的想像,涵蓋了生活的大小事,

舉凡收發信件、閱讀新聞、購物、開鎖、查天氣，甚至是付款都少不了它。不過，你知道嗎？其實賈伯斯的童年可是不少師長眼中的麻煩人物，「乖巧」這兩個字離他相當相當遙遠，他會和同學在課堂上搗蛋、在老師辦公室放鞭炮，甚至還在教室裡放蛇，他也曾因為將一支髮夾塞進了電源插座孔，被送去急診……小時候的賈伯斯，就像是永遠有用不完的精力。

賈伯斯這類型的小朋友肯定是我治療室裡的個案大宗，集過動與行為問題於一身，所幸他的求學之路曾遇上了一位有智慧的老師，還有理解他的養父母。養父保羅有靈巧的手藝，讓賈伯斯從小就很著迷，他可以花上數個小時的時間觀察保羅鋸木頭、釘釘子的過程；在賈伯斯滿 6 歲時，保羅將自己工作台的一部份讓出給這個孩子，教他如何使用槌頭、鋸子，也教他如何組裝與拆解，做出東西，賈伯斯在創造力方面就是屬先天條件較好的，但若沒有後天的環境相輔相成，賈伯斯也難以成為現在我們所知的賈伯斯。

當我們在檢視孩子的短處時，又是否看見了孩子的長處？

「米加老師，你知道他很誇張嗎？這禮拜已經是第三次被老師告狀了。」「成天只會搞破壞，怎麼打、怎麼罵都沒有用。」有時孩子只是缺乏懂他的伯樂，被理解的孩子通常都能夠將大

人眼中的調皮、搞破壞、難搞，好好的轉化為創造力，不只賈伯斯這個例子，發明飛機的萊特兄弟、維珍航空創始人 Richard Branson、國際時尚設計師吳季剛……有許許多多名人的童年樣貌，都給了我們很好的啟發。


## 玩具不必多

言言是我曾經到府諮詢所認識的一個小女孩，當時的她三歲，是家裡的獨生女。言言的爸爸媽媽找我諮詢的原因之一是發現言言似乎專注力偏短，幼兒園的老師也察覺她很容易對事情三分鐘熱度，什麼東西都只玩一下下，對她而言似乎什麼都有趣，卻也很快就令她覺得索然無味。

諮詢的那天，我受邀到言言的遊戲室玩，在那約兩坪大的空間裡，擺放在最靠近門口的兒童專用米白色木質梳妝台馬上就吸引了我的目光，那梳妝台上還擺放著不少飾品，第一次看到這麼有氣勢的玩具，我還真是大大開了眼界。這遊戲室裡當然不只有這精緻的梳妝台玩具，還有扮家家酒遊戲組、大大小小的玩偶、木製拼圖、益智遊戲、積木……大概除了沒有男孩喜愛的機器人與格鬥玩具之外，幾乎是一應俱全了。

　　用心的爸爸媽媽，擔心家裡只有言言一個孩子，為了不讓她覺得無聊，所以添購了不少玩具，再加一些親戚朋友送的恩典牌玩具，這豐富的遊戲室肯定能吸引不少孩子的目光。面對訪客到來，言言也很熱情，大方跟我分享她的玩具們……

　　「言言，這個看起來好好玩喔，你可以跟我一起玩嗎？」

　　「好啊！」

　　經過了約莫兩三分鐘，言言改向我介紹另一個玩具……慢慢的我發現，爸爸媽媽的觀察並沒有錯，言言的確專注力偏短，不過倒也不是注意力缺失（ADD），可以明顯的發現主因在於遊戲的方式較為單調，再加上沒有其他玩伴激盪出更多的火花，所以很容易玩一下下就覺得無趣，變不出什麼新把戲了，就想去找尋下一個感興趣的事物，其實也算是人之常情。

　　美國托雷多大學（University of Toledo）職能治療師 Carly Dauch 及其研究團隊，進行了一項「玩具數量對於幼兒發展影響」的研究，他們觀察 36 個年紀在 18 個月到 30 個月之間的幼兒，研究結果發現：**玩具越多，小朋友的專注力與創造力容易下降。**

　　研究員從抽樣 32 個、4 類不同的玩具，包括認知類的玩具、角色扮演類的玩具、建構類的玩具及交通工具類的玩具。他們將 36 位小朋友分為兩組：一組所在的房間只有 4 個玩具，另一組小朋友則被分配到有 16 個玩具的房間，當然這兩組孩子被分配到的玩具同樣都涵蓋上述 4 種類型。研究員讓小朋友們每次玩 15 分鐘，並將他們遊戲的過程綠影下來。結果發現：有 16 個玩具的這一組小朋友，只玩其中一半的玩具，每種玩具玩不到兩分鐘；而有 4 個玩具的這一組小朋友，玩了其中 3 個玩具，平均每種玩具玩 5 分鐘。在實驗中的另一項發現是，只拿到 4 個玩具的孩子，平均會想出 1.6 種方式來玩同一個玩具；拿到 16 個玩具的孩子，則只會用同一種方式來玩玩具。

　　雖然這項實驗的樣本量並不是很大，但還是很值得參考的。玩具的數量會影響孩子遊戲的方式，孩子遊戲時的玩具數量不多，反而玩每種玩具的時間就越長，想出的玩法也就越多。我提出這個有趣的研究，倒不是要說服大家少買一點玩具，重點是在於我們可以關注「孩子玩遊戲的品質」，為什麼玩具越買越多，孩子還是覺得好無聊，一下子就沒新鮮感了？同時存在太多的玩具，容易讓孩子分心，也不太需要動腦筋為自己的樂子找方法，自然激發不出創造力。

**補充說明：**

注意力缺失症（英語：attention deficit disorder，縮寫：ADD）

1. 無法注意到小細節或因粗心大意使學校功課、工作或其他活動發生錯誤。

2. 在工作或遊戲活動中無法持續維持注意力。

3. 別人說話時似乎沒在聽。

4. 無法完成老師、家長或他人交辦的事務，包括學校課業、家事零工或工作場所的職責（並非由於對抗行為或不了解指示）。

5. 缺乏組織能力。

6. 常逃避、不喜歡或拒絕參與需持續使用腦力的工作，如：學校工作或家庭作業。

7. 容易遺失或忘了工作或遊戲所需的東西，如：玩具、鉛筆、書等。

8. 容易被外界刺激所吸引。

9. 容易忘記每日常規活動，需大人時常提醒。

# 創意無所不在

想讓孩子擁有想像力及創意，其實不一定
非要刻意地讓孩子去上什麼特別課程，適
度地為他生活留點空白，豐富孩子的視野，
透過爸媽正確地引導，孩子便能看見那更
大、更多元的世界。

## 生活中適度留白

「爸爸（媽媽），我好無聊喔！」

這大概是許多父母的「地雷金句」前三名，明明家裡就有這
麼多玩具，到底是在無聊什麼？

「給你平板電腦或手機，玩個線上遊戲或看個影片總行了
吧！」

果不其然，祭出這些法寶，總能成功消除無聊感。

　　另外，有不少爸爸、媽媽基於不想讓孩子放學後無所事事，乾脆讓小孩在幼兒園四點下課後，直接再安排一到兩個才藝課，回到家後洗個澡，差不多就可以去睡覺。這麼做可以避免孩子一閒下來就開始搗蛋、作亂，的確也是不錯的做法。不過其實我們真的不必把孩子的無聊或暫時沒事做視為洪水猛獸，使盡渾身解數想加以避免，每天有不同的課程、每週有不同的活動、每月有不同的新玩具，不如讓孩子學習如何自得其樂，才能不得不發揮創意解悶。

　　在沒有任何行程時的留白時光，不管對大人或小孩來說都是很珍貴的，大人可以自己找樂子，不管是聽音樂、烹飪、創作都好，但對於某些孩子而言，發揮創意用以解悶，可能不是這麼容易。一般來說，沒有玩伴的獨生子女或是從小行程就被排好排滿的小孩，相較之下是比較容易產生無所事事的無聊感的，不過，我們可以從家庭生活中的一些簡單小細節做起。

## 在家也能發揮創意

　　其實不一定要刻意地讓孩子去上什麼特別課程，或是把孩子的空檔時間都安排得滿滿的各種才藝補習，只要爸爸媽媽多用

點巧思，在家裡也能讓孩子盡情發揮他們的想像力與創意哦。

1. 家裡可以有固定的材料區、工具區，隨時有各類的紙張、線、上色用具、剪刀、膠帶⋯⋯盡可能提供有助於發揮創意的素材及工具，讓孩子知道可以取用這些東西去實現自己的想法。

2. 讓孩子幫忙參與家裡的事，這是一個從真實世界獲得不少刺激的機會；懂得摺衣服、整理物品、照顧小動物，孩子一定會知道其中的技巧以及應該注意的小細節。當交付一個從未接觸過的任務時，經驗多的孩子，往往較能以創新的方法完成一件事。

3. 將上課所學的才藝轉化成為一種娛樂，也是一種讓孩子發揮創造力很不錯的做法，例如，學鋼琴的孩子可以改編曲子創作出新的曲風、學跳舞的孩子可以在家聽音樂，自創獨樹一格的新舞蹈、上過積木課的孩子在沒有老師的指導下，可以自己發想並組裝出新作品。

## 豐富孩子的視野

　　創造力強的人，通常知識也很廣博。1993 年上映的電影《侏儸紀公園》是一部時代經典之作。故事的開端，是一隻包在琥珀裡的蚊子，因為吸了恐龍血，讓人類取得恐龍的 DNA 並且成功複製出活生生的恐龍，狂熱的科學家與億萬富翁藉此聯手打造出舉世無雙名為「侏羅紀公園」的恐龍主題樂園。整部著作橫跨考古學、植物學、資訊科學、醫學……甚至也揭露了不同面向的人性。

　　《侏儸紀公園》這部電影，大家比較熟知的是執導這部電影的導演史蒂芬•史匹柏，不過創作這個故事的作者麥可•克萊頓（Michael Crichton）也相當值得我們去認識。麥可•克萊頓逝世於 2008 年，在他生前其實不止創作了《侏儸紀公園》，像是《剛果》、《桃色機密》、《時間線》等無數涉及科技、醫學、外星的題材都是出自他的手筆；此外他還執導過幾部電影，《八號房禁地》與《急診室的春天》都是他的代表作，在小說與影視創作方面算是他的傑出領域。

　　有「科技驚悚小說之父」美名的麥可•克萊頓，其實還有一

項鮮為人知的過往經歷，那就是他設計過電腦遊戲，也與友人共同創辦過電腦娛樂公司，所以說起來，他可真是一位不折不扣的跨域人才。麥可‧克萊頓為什麼會有這麼多的跨領域知識含量，還能夠將其轉化成為創作的能量？出生於美國芝加哥，在紐約長島長大的他，父親是一名記者，克萊頓曾表示，他廣博的知識可能與父親的廣泛興趣有關；同時，母親也經常帶他去參觀博物館、看戲劇和電影。

豐富孩子的視野可以激發想像力，我們的創造力源自於想像力，而想像力的豐沛性又與知識含量有著密不可分的關聯性。沒仔細觀察過小鳥飛行的姿態，又怎能突發奇想「如果人類可以跟鳥一樣擁有翅膀在天空中飛翔那該有多好！」因為要憑空想像真的太困難了，飛機的發明創造，至少要有想像力加上機械動力的概念做為基石才行。

所以，如果你問我「要如何豐富孩子的視野？要親子共讀，養成閱讀習慣是嗎？常帶小孩出國旅遊算嗎？」我認為，關鍵主要在於「身為父母的我們，格局是否夠大」？對於還沒進入青少年時期的孩子，日常生活的安排大多數還是跟著父母的習慣與節奏，所以我們不妨先檢視一下自己是否經常閱讀、接收新知、走訪各地……如果自己的視野僅限於螢幕裡的影音內容

或是身邊的熟悉人事物，是難以帶孩子看見那更大、更多元的
世界。

　　創造力不是天馬行空的那種虛幻想像，創造力源於生活的觀
察及感受，再轉換為創造力思維及行動。讓孩子先觀察生活、
體驗生活、瞭解生活，別阻擋了孩子的好奇、冒險、想像與挑戰，
創造力就可時時存在，處處展現於生命中，這是上再多課也難
以培養的能力，但卻能從生活中獲得。

**好學習 070**

# 掌握3-6歲大腦發展關鍵期，養出聰明孩子

| | |
|---|---|
| 作　　　者 | 米加老師（黃名璽） |
| 顧　　　問 | 曾文旭 |
| 出版總監 | 陳逸祺、耿文國 |
| 主　　　編 | 陳蕙芳 |
| 編　　　輯 | 翁芯俐 |
| 美術編輯 | 李依靜 |
| 法律顧問 | 北辰著作權事務所 |

| | |
|---|---|
| 印　　　製 | 世和印製企業有限公司 |
| 初　　　版 | 2023年10月 |

（本書為《3-6歲在生活中養成學習力》之修訂版）

| | |
|---|---|
| 出　　　版 | 凱信企業集團-凱信企業管理顧問有限公司 |
| 電　　　話 | （02）2773-6566 |
| 傳　　　真 | （02）2778-1033 |
| 地　　　址 | 106 台北市大安區忠孝東路四段218之4號12樓 |
| 信　　　箱 | kaihsinbooks@gmail.com |

| | |
|---|---|
| 定　　　價 | 新台幣 320 元／港幣 107 元 |
| 產品內容 | 1書 |

| | |
|---|---|
| 總 經 銷 | 采舍國際有限公司 |
| 地　　　址 | 235新北市中和區中山路二段366巷10號3樓 |
| 電　　　話 | （02）8245-8786 |
| 傳　　　真 | （02）8245-8718 |

**國家圖書館出版品預行編目資料**

掌握3-6歲大腦發展關鍵期，養出聰明孩子／米
加老師（黃名璽）著. -- 初版. -- 臺北市：凱信
企業集團凱信企業管理顧問有限公司, 2023.10
　面；　公分
ISBN 978-626-7354-06-3(平裝)

1.CST: 子女教育 2.CST: 親職教育

528.2　　　　　　　　　　　112014234

凱信企管

用對的方法充實自己，
讓人生變得更美好！

凱信企管

用對的方法充實自己，
讓人生變得更美好！